047lp Abb.: gs

INHALT

Erlebenswertes in der Umgebung 93

PRAKTISCHE REISETIPPS A–Z 97

ANHANG 121

CITYATLAS 131

008lp Abb.: gs

EXKURSE ZWISCHENDURCH

BENUTZUNGSHINWEISE

Zur schnelleren Orientierung tragen alle Hauptsehenswürdigkeiten und Lokalitäten die gleiche Nummer sowohl im Text als auch in den Stadtplänen.

1 Die Hauptsehenswürdigkeiten werden im Abschnitt „Liverpool entdecken“ beschrieben und mit einer fortlaufenden magentafarbenen Nummer gekennzeichnet.

1 Blaue, ovale Ziffern verweisen auf die jeweilige Beschreibung der Sehenswürdigkeit im Kapitel „Liverpool entdecken“.

27 Mit Symbol und fortlaufender Nummer werden die sonstigen Lokalitäten wie Cafés, Geschäfte, Hotels, Infostellen usw. gekennzeichnet.

1 Mit Ziffern im Rechteck werden Listen von Einkaufsstätten, Restaurants, Hotels usw. gekennzeichnet. Auf welchen Seiten die Listen stehen, ist aus dem Inhaltsverzeichnis ersichtlich.

1 Blaue Ziffern im Rechteck hinter einem Lokal, Hotel usw.verweisen auf die jeweilige Liste, in der alle Details wie Adressen, Öffnungszeiten usw. zu finden sind.

[F7] Die Angabe in eckigen Klammern verweist auf das Planquadrat im Cityatlas.

DER AUTOR

Günter Schenk ist mit den Beatles groß geworden, weshalb ihm Liverpool besonders ans Herz gewachsen ist. Auch als Fußballfan hat er eine besondere Liebe zu der Stadt am Mersey entwickelt. Seine ersten journalistischen Sporen verdiente er sich mit Reportagen über die Beat-Bewegung in England und Deutschland, mit Berichten, Interviews und Fotoreportagen über die Musik der 1960er-Jahre.

Heute arbeitet der Autor als Reisejournalist für renommierte deutschsprachige Zeitungen wie „Frankfurter Rundschau", „Westdeutsche Allgemeine Zeitung", „Rhein-Main-Presse", „Münchner Merkur", „Wiener Kurier" oder die Schweizer „Neue Zürcher Zeitung". Außerdem hat er zahlreiche Bücher geschrieben. Im Reise Know-How Verlag erschien von ihm zuletzt der PRAXIS-Band „Europas schönste Feste erleben", ein Führer zu den interessantesten Festen Europas.

SCHREIBEN SIE UNS

Dieser CityTrip ist gespickt mit Adressen, Preisen, Tipps und Infos. Nur vor Ort kann überprüft werden, was noch stimmt, was sich verändert hat, ob Preise gestiegen oder gefallen sind, ob ein Hotel, ein Restaurant immer noch empfehlenswert ist oder nicht mehr usw. Unser Autor ist zwar stetig unterwegs und erstellt alle zwei Jahre eine komplette Aktualisierung, aber auf die Mithilfe von Reisenden kann er nicht verzichten.

Darum: Schreiben Sie uns, was sich geändert hat, was besser sein könnte, was gestrichen bzw. ergänzt werden soll. Wenn sich die Infos direkt auf das Buch beziehen, würde die Seitenangabe uns die Arbeit sehr erleichtern. Gut verwertbare Informationen belohnt der Verlag mit einem Sprechführer Ihrer Wahl aus der über 200 Bände umfassenden Reihe „Kauderwelsch".

Bitte schreiben Sie an:
Reise Know-How Verlag Peter Rump GmbH, Postfach 140666, D-33626 Bielefeld, oder per E-Mail an: info@reise-know-how.de

Danke!

DAS BESTE AUF EINEN BLICK

001lp Abb.: gs

056lp Abb.: gs

Liverpool ist eine Großstadt – und doch leicht überschaubar. Alle wichtigen Sehenswürdigkeiten liegen nie länger als 20 Gehminuten vom Mersey oder dem Hauptbahnhof entfernt. Das heißt: Fast alles ist zu Fuß erreichbar. Auch Liverpools Nachtleben spielt sich großteils in dieser Zone ab, sodass es sich empfiehlt, in der Innenstadt zu übernachten. Langweilig wird es keinem Besucher werden, dafür hat er meist die Qual der Wahl, wenn es um Museen, Theater, Kunst und Kultur geht und inzwischen auch beim Einkaufen, Essen und Ausgehen.

LIVERPOOL AN EINEM WOCHENENDE

Viele Besucher kommen nur für ein verlängertes Wochenende oder machen im Rahmen einer Englandreise in Liverpool Station. Wer keine Zeit oder Muße hat, sein eigenes Programm zu organisieren, dem sollen folgende Vorschläge helfen. Hilfreich ist dabei eine Unterkunft in der Innenstadt, am besten im Hotelviertel schräg hinter dem Pier Head, im Albert Dock oder in einer der Herbergen rund um den Hauptbahnhof.

TAG 1

Vormittags

Mit einem gemütlichen Bummel um das Albert Dock ❶ startet man am besten in das „Abenteuer Liverpool". Es ist die größte Touristenattraktion der Stadt und bester Beleg für den Wandel Liverpools von einer Hafen- zur Kulturmetropole. Einige Museen laden dort zu Stippvisiten ein: Liebhabern moderner Kunst sei das Tate Liverpool 5 ans Herz gelegt. Wer sich für Seefahrt und Historie oder für die Geschichte der Sklaverei interessiert, ist im Merseyside Maritime Museum 5 bestens aufgehoben. „The Beatles Story" ❷ schließlich erzählt die Geschichte der berühmtesten Söhne der Stadt. Zur

▲ *Aus Hafenanlagen werden Wohnsiedlungen*

► *The Restaurant Bar & Grill, eine der ersten Gastroadressen Liverpools*

Mittagspause empfehlen sich die Cafés und Restaurants in den ehemaligen Dockanlagen.

Nachmittags

Beatles-Fans können um 14 Uhr vom Albert Dock gleich weiter zur „Magical Mystery Tour“ starten. Die Busfahrt führt zu den wichtigsten Beatles-Gedenkstätten wie Penny Lane oder Strawberry Field [7], aber auch zu den Elternhäusern von John Lennon (20) und Paul McCartney (21), die im Rahmen dieser Tour allerdings nur von außen zu sehen sind. Die Busreise endet nach gut zwei Stunden in der Mathew Street mit einem Besuch im legendären Cavern Club [3].

Preiswerter ist die Stadtrundfahrt in einem der roten Sightseeing-Busse – Freiluft-Doppeldecker, die im 30-Minuten-Takt alle wichtigen Liverpooler Sehenswürdigkeiten miteinander verbinden. Auch sie halten am Albert Dock (1). Wer für die Beatles nichts übrig hat: Die renovierte St. George’s Hall (9) ist immer einen Besuch wert.

Abends

Musik- und Theaterfreunden sei ein Besuch in der Philharmonic Hall (18) oder in einem der Theater (siehe [4]) empfohlen, deren Spielpläne man im Internet einsehen oder in einer der Tageszeitungen Liverpools nachlesen kann. Den Abend sollte man in einem der vielen Klubs (siehe [3]) beschließen, die es für jeden Geschmack und Geldbeutel gibt.

TAG 2

Vormittags

Fußballfreunde fahren zum Museumsbesuch mit anschließender Stadiontour in die Anfield Road (23) oder besuchen den Goodison Park (24), die Spielstätte des Everton FC. Die Alternative ist ein Einkaufsbummel in der Innenstadt, zum Beispiel im exklusiven Met Quarter [1] oder im ganz neuen Shopping-Paradies Liverpool One (14). Zur Mittagspause empfiehlt sich Liverpools Chinesenviertel.

Nachmittags

Nur ein paar Fußminuten sind es vom Chinesenviertel zu den Museen in der William Brown Street. Mit dem World Museum Liverpool (10) und der Walker Art Gallery (11) finden sich dort zwei Ausstellungshallen von Weltrang, in denen man problemlos ein paar Stunden verbringen kann. Auf dem Weg dorthin kommt man an der Grand Central Hall [1] in der Renshaw Street vorbei, einem alternativen Einkaufszentrum, das vor allem junge Leute wegen seiner Preise schätzen. Spätestens vor Sonnenuntergang aber ist es angeraten, am Rathaus vorbei (ein kurzer Blick hinein lohnt immer) Richtung Pier Head (3) zu bummeln, dessen mächtige Weltkulturerbe-Front erst die späte Abendsonne ins rechte Licht rückt.

010lp Abb.: gs

Abends

Nicht weit vom Mersey entfernt locken elegante Lokale zum Abendessen. Zum Beispiel das Filini [2] im modernen Radisson-Hotel (Old Hall Street) oder Simply Heathcotes [2] im Beetham Tower (The Strand), das den Wandel der englischen Kochkunst sehr gut dokumentiert und zu den Top-Five-Restaurants der Stadt gehört. Gleich um die Ecke, in einer ehemaligen Bank in der Brunswick Street, findet sich auch die neue Nummer eins unter Liverpools Gourmettempeln: The Restaurant Bar & Grill [2]. Preiswerter ist es ein paar Schritte weiter in der gleichen Straße, wo Meet Argentina [2] nicht nur Steakfreunde begeistern wird. In einer der umliegenden Bars könnte der Tag seinen würdigen Abschluss finden.

TAG 3

Vormittags

Liverpools Kathedralen, die nur wenige Fußminuten auseinander liegen, lohnen auf jeden Fall einen Besuch, nicht allein ihrer Größe und Architektur wegen. Wer will, kann vom Turm der protestantischen Kathedrale (15) noch einmal einen Blick auf die Stadt und den Mersey werfen. Beide Kirchen verfügen über kleine angeschlossene Cafés und Restaurants, die einem den Aufenthalt verschönern.

Nachmittags

Im Sommer empfiehlt sich ein Ausflug mit dem Stadtbus in den Sefton Park [6] mit seinem alten Palmenhaus oder zur Speke Hall. Freunden zeitgenössischer Kunst seien das FACT [5] oder das Bluecoat Arts Centre (13), Liverpools frisch renoviertes Künstlerhaus, ans Herz gelegt. Wer dann noch Zeit und Lust hat, sollte seinen Liverpoolbesuch mit einer Bootstour auf dem Mersey ausklingen lassen – ohne Zweifel die beste Art, um Abschied von der Stadt zu nehmen. Das gibt es nur in Liverpool.

▼ *Walker Art Gallery*

009lp Abb.: gs

011lp Abb.: gs

ZUR RICHTIGEN ZEIT AM RICHTIGEN ORT

Feste feiern, das können die Leute in Liverpool und Merseyside. Kein Sommerwochenende, an dem nicht irgendwo ein Festival über die Bühne geht oder sonst ein sportliches oder kulturelles Ereignis lockt.

Vor allem zwischen Mai und November drängen sich die Veranstaltungen, jagt ein Termin den nächsten. Musik und Theater, Spiel und Tanz, Kino und Comedy, Karneval und Party, Botanik-Shows und Parkfeste, Laternen- und Maskenumzüge, Schiffsparaden und großes Feuerwerk – da ist für jeden etwas im Angebot. Zudem gibt es **viele Events zum Nulltarif**, finanziert von öffentlichen und privaten Sponsoren. **Publikumsattraktionen** sind zwei Veranstaltungen im Sommer: Das Mersey River Festival im Juni und das Mathew Street Festival Ende August.

▲ *Oye Festival, eine von vielen Kulturveranstaltungen im Jahr*

Februar

› **Chinese New Year:** Mit Feuerwerk, Spiel und Mummenschanz startet Liverpools chinesische Gemeinde ins Neue Jahr (www.visitliverpool.com).

Mai/Juni

› **Southport International Jazz Festival:** Rund 100 Konzerte im benachbarten Southport bieten Jazz, Blues und Soul vom Feinsten. Viele Veranstaltungen sind kostenlos (www.visitsouthport.com).

Juni

› **Africa Oye:** Kaum ein anderes Festival in England präsentiert mehr afrikanische, karibische und südamerikanische Musik als das Africa Oye mit Freiluftkonzerten im Sefton Park (www.africaoye.com).

012lp Abb.: gs

› **Mersey River Festival:** Hunderttausende von Zuschauern lockt die jährliche Präsentation der weltgrößten Segelschiffe und Yachten. Daneben finden rund um die Dockanlagen Freiluftkonzerte statt (www.visitliverpool.com).

Juli

› **Liverpool Summer Pops:** Einen Monat lang versüßen Künstler aus aller Welt mit Konzerten die Liverpooler Sommerabende (www.visitliverpool.com).

› **Liverpool Comedy Festival:** Von Stand-up-Comedy bis zum komödiantischen Theater – einige Abende versuchen alte und neue Talente, Liverpool zum Lachen zu bringen (www.liverpoolcomedyfestival.co.uk).

› **Liverpool Arabic Arts Festival:** Liverpools große jemenitische Gemeinde gibt traditionell in den beiden ersten Juliwochen Einblick in arabische Kunst und Kultur, in Musik, Tanz, Film und Architektur (www.arabicartsfestival.co.uk).

› **Liverpool International Street Festival – Brouhaha International:** Straßenkunst und Karneval, Musik und Mummenschanz, buntes Treiben auf Straßen und Plätzen. Jeder ist eingeladen mitzumachen (www.brouhaha.uk.com).

› **HUB Festival:** Skateboarder, BMX-Fahrer, Hip-Hopper und Breakdancer zeigen ihr Können auf einem zweitägigen Straßenfest, sowohl Amateure als auch Profis (www.yoliverpool.com).

August

› **Creamfields:** Zehntausende von Discogängern haben den Festtermin längst rot angestrichen. Englands beliebtesten Freilufttanz genießen inzwischen Fans aus aller Welt (www.creamfields.com).

› **Southport Flower Show:** Fast 100.000 Besucher kommen jährlich zu einer der ältesten englischen Blumenausstellungen ins benachbarte Southport (www.southportflowershow.co.uk).

September

- **Liverpool Biennial:** Alle zwei Jahre (auch 2008) lädt Liverpool zu seiner Biennale, der größten zeitgenössischen Kunstschau Nordenglands (www.biennial.com).

Oktober

- **Liverpool Irish Festival:** Mit dem noch jungen Festival tragen die Veranstalter dem Traditionsbewusstsein der irischstämmigen Bevölkerung in Merseyside Rechnung (www.liverpoolirishfestival.com).
- **Liverpool Lantern Parade:** Halloween im Sefton Park, mit Laternen und illuminierten Figuren feiert Liverpool den „Tag der lebenden Toten" (www.liverpoollantern-company.co.uk).

November

- **November 5th Firework:** Mit Großfeuerwerken in den städtischen Parkanlagen erinnern die Briten an Guy Fawkes, der einst das britische Parlament in die Luft sprengen wollte (www.liverpool08.com).
- **International Guitar Festival:** Auf der Halbinsel Wirral treffen sich Gitarristen von Weltrang. Zum Programm gehören spanischer Flamenco ebenso wie amerikanische Country-Musik (www.bestguitarfest.com).
- **Liverpool Music Week:** Eine Woche lang geben Liverpooler Musiker einen Einblick in die örtliche Musikszene (www.liverpoolmusicweek.co.uk).

◄ *Feuerwerk am Mersey – Lichterglanz über dem Pier Head*

► *Festival im Sefton Park, Treffpunkt für Jung und Alt*

013lp Abb.: gs

LANDESWEITE FEIERTAGE

- 1. Januar, Neujahrstag – *New Year's Day*
- Karfreitag – *Good Friday*
- Ostermontag – *Easter Monday*
- Maifeiertag (erster Montag im Mai) – *Labour Day*
- Frühlingsfeiertag (letzter Montag im Mai) – *Spring Bank Holiday*
- Sommerfeiertag (letzter Montag im August) – *Summer Bank Holiday*
- Erster Weihnachtsfeiertag – *Christmas Day*
- Zweiter Weihnachtsfeiertag – *Boxing Day*

DAS GIBT ES NUR IN LIVERPOOL

› ***Liverpool Cathedral*** 15
Ausgerechnet ein Katholik baute der Welt größte protestantische Kathedrale. Zwei ganze Fußballfelder hätten im Kirchenschiff Platz, in dem man bequem 1500 Mini-Cooper parken könnte. Vom Turm hat man einen der schönsten Blicke auf die Stadt.

› ***Anfield Road*** 23
Im Stadion an der Anfield Road schlägt das Herz der Stadt. Hier ist der Liverpool FC zu Hause, einer der erfolgreichsten englischen Fußballvereine. Hier ertönt auch bei jedem Heimspiel die legendäre Kicker-Hymne „You 'll never walk alone", die auch in deutschen Stadien längst ihre Anhänger bekommen hat.

› ***Sefton Park und Palm House*** 6
Vor allem im Sommer schlägt das Herz der Stadt in den Parks. Dann ist der Sefton Park erste Wohlfühladresse, Liverpools grüne Lunge und Zentrum vieler Feste. Zu den Glanzstücken der viktorianischen Park-Architektur gehört das sehenswerte Palmenhaus.

› ***Liverpool One*** 14
Shopping hat ein neues Gesicht. Mit Liverpool One verfügt die Stadt über das modernste Einkaufszentrum Englands. Rund 150 Läden, zwei Hotels, Freizeitzentren, Kinos, Bars und Restaurants gehören zu dem Shoppingparadies in der Stadtmitte.

› ***Scouse***
Das deftige Liverpooler Nationalgericht besteht aus einem Eintopf aus Schafs- oder Lammfleisch, Kartoffeln, Zwiebeln, Karotten oder anderem Gemüse. „Blind Scouse" heißt die vegetarische Variante, die Fleisch durch Rote Bete oder Rotkohl ersetzt. „Scouse" heißt gleichzeitig auch der schwer verständliche Dialekt, den die Liverpudlians sprechen (siehe „Leben in der Stadt").

› ***Mathew Street Festival – Beatles Week***
Nirgends auf der Welt genießen die Beatles eine solche Verehrung wie in Liverpool. Jährlich am letzten Augustwochenende kommen Hunderttausende zum traditionellen Mathew Street Festival, spielen Hunderte von Bands rund um das Cavern Quarter 8 *– und das alles zum Nulltarif.*

AUF INS VERGNÜGEN

002lp Abb.: gs

014lp Abb.: gs

LIVERPOOL FÜR CITYBUMMLER

Es gibt kaum eine Stadt, die so viele Gesichter hat. An stürmischen Regentagen wirkt sie matt und grau, an sonnigen Sommertagen dagegen strahlt sie Mittelmeer-Feeling aus. Citybummler müssen sich einlassen auf Liverpool und seine Menschen.

Manche werden staunen angesichts der **Fülle von Kunst und Kultur**, die mehr als ein Dutzend populärer Museen und Theater bieten. Musentempel wie die Walker Art Gallery ⓫ oder die Tate [5] im Albert Dock ❶ genießen inzwischen Weltruhm und locken Jahr für Jahr mit hochkarätigen Wechselausstellungen.

Andere Besucher werden sich anstecken lassen vom Taumel der Jugend, die vor allem an den Wochenenden die Innenstadt zum Tollhaus macht. Dann platzen die Klubs in der Seel- oder Duke-Street [K11] aus den Nähten, stehen die Vergnügungssüchtigen auf Einlass wartend in langen Schlangen vor den Toren der Discotempel und Beatkeller. Denn Liverpool ist auch heute noch neben London und Manchester **Englands Musikmetropole**, die ihren Anspruch mit einem großen Angebot an Livemusik unterstreicht: mit vielen Hundert Konzerten jährlich, mit Bands, die einmal Musikgeschichte geschrieben haben oder demnächst vielleicht ganz neu schreiben werden.

Liverpool ist Kunst und Besinnung, aber auch Lust und geballte Lebensfreude, der Pub für viele noch immer Ersatz für die Wohnstube. Vor allem am Wochenende gleichen die Amüsiermeilen einem Tollhaus. Aber auch unter der Woche verkörpert Liverpool nicht das England, das abends die Bürgersteige hochklappt. In kaum einer anderen Stadt, von der Kapitale London einmal abgesehen, locken mehr Pubs, Bars, Cafés und Restaurants. Auch das Angebot an Musik und Theater hält Vergleichen mit anderen englischen Großstädten stand. Die Stadt erobert man übrigens am besten zu Fuß.

◀ *Gehört zu jedem Liverpool-Besuch: Eine Fahrt mit der Mersey-Fähre*

▶ *Shoppen in der City: das Einkaufszentrum Clayton Square*

Zehntausende von Studenten sorgen für jugendliche Lebensfreude, die leicht in Übermut umschlagen kann. Schließlich stammt der Beat von hier, nicht der Walzer.

Seine **Geschichte** ist heute ein wichtiges touristisches Kapital, konserviert in Museen wie „The Beatles Story" ❷ im Albert Dock oder nachempfunden auf Bustouren zu den Erinnerungsstätten der Beatles. Auf Fahrten zum Strawberry Field oder zur Penny Lane, die nicht nur eingefleischte Fans der Fab Four locken. Als bunte Metropole zeigt sich die Stadt auf ihren vielen Festen und Feiern. Sie bringen Kulturen ins Gespräch und Menschen aus allen Erdteilen zusammen. Wer immer kann, sollte Liverpool deshalb auch einmal an Festtagen aufsuchen. Beim Mathew Street Festival rund um das Cavern Quarter oder beim Oye-Festival im Sefton-Park, der grünen Lunge der Stadt, Station machen (siehe „Zur richtigen Zeit am richtigen Ort").

Liverpool aber ist vor allem auch eine **Hafenstadt.** Dieses Erbe haben die Liverpudlians mit der Sanierung des Albert Dock ❶, der meistbesuchten Touristenattraktion am Mersey, unterstrichen. Wer sehen will, wie sich backsteingeprägte Industriearchitekturen in zeitgenössische Wohn- und Bürolandschaften verwandeln lassen, sollte einmal in Ruhe die Merseyfront vom Princess Dock bis zum Queen's Dock abschreiten oder mit der Mersey-Fähre ❹ am Ufer entlangschippern. Vom Fluss aus nämlich erschließt sich das **neue Liverpool** am besten. Von dort sieht man die neuen Hochhäuser hinter den alten in die Höhe wachsen – Zeichen des Wirtschaftsaufschwungs, der freilich genau so schnell wieder vorbei sein kann, wie er gekommen ist.

1 LIVERPOOL FÜR KAUFLUSTIGE

Shop 'til you drop? Einkaufen bis zum Umfallen? Kein Problem in Liverpool, das sich anschickt, neben London die wichtigste Einkaufsstadt Englands zu werden. Mit dem neuen Liverpool One, einem 28 Fußballfelder großen Areal mit zahllosen Läden, Hotelanlagen und Freizeitzentren, Cafés, Kinos, Bars und Restaurants, ist die Stadt diesem Ziel ganz nahe gerückt. Traditionelle Einkaufsachsen sind Lord Street und Church Street, die mit South John Street, Paradise Street und Hanover Street aber inzwischen starke Konkurrenz bekommen haben.

Liverpools wichtigste Geschäfte, große Warenhäuser und kleine

015lp Abb.: gs

ÖFFNUNGSZEITEN

Feste Ladenschlusszeiten kennen auch die Engländer längst nicht mehr, ***Angebot und Nachfrage regeln den Markt.*** *Gewöhnlich haben die Läden in der Innenstadt zwischen 9 und 17.30 Uhr geöffnet. Das bedeutet aber auch, dass viele Geschäfte erst um 9.30 oder 10 Uhr öffnen, andere dafür schon um 17 oder 18 Uhr schließen. Einige Lebensmittelketten haben bis spät am Abend geöffnet, ganz wenige rund um die Uhr. Allerdings soll ab 23 Uhr kein Alkohol mehr verkauft werden. Ihre eigenen Ladenschlusszeiten haben auch die kleinen Läden der Immigrantenfamilien, die sich ganz ihrer Kundschaft angepasst haben.*

Samstags sind Geschäfte in der Regel von 9 bis 17 Uhr geöffnet, sonn- und feiertags von 11 bis 17 Uhr. Einmal in der Woche, normalerweise donnerstags, haben viele Geschäfte bis 21 Uhr geöffnet. Auch in den Tagen vor Weihnachten oder Ostern werden die Ladenschlusszeiten gewöhnlich bis in den späten Abend verlängert.

Boutiquen, sind mitten in der Stadt konzentriert. Als Ausgangspunkt für einen Einkaufsbummel eignet sich der **Williamson Square**, ein neu gestalteter Platz mit ein paar Ruhebänken zum Verweilen und einem Springbrunnen in der Mitte. Er steht für das Motto der Einkaufsstadt Liverpool: sicher, sauber und gut erreichbar.

Direkt am Williamson Square finden sich auch einträchtig nebeneinander die beiden großen **Fanshops der Liverpooler Fußballklubs.** Hallen voller Trikots, T-Shirts und anderer Kicker-Souvenirs. Die Farbe Rot dominiert im Shop des Liverpool FC, Blau in dem des Everton FC. Auf der anderen Seite des Platzes lädt der englische Schuhhersteller Clarks zum Fabrikverkauf, der hier mit Rabatten von bis zu 50 % aufwartet. Nicht weit ist es auch zu den großen Kaufhäusern von Marks & Spencer bis Debenham.

Um die Ecke, im Clayton Square Shopping Centre, ist **Liverpools größter Musikladen** zu Hause. Gegenüber lockt ein Laden der nationalen Lebensmittelkette Tesco, der montags bis freitags erst um Mitternacht schließt. St. John's Shopping Centre heißt die angrenzende **Einkaufsstadt mit großer Lebensmittelabteilung** samt Fisch- und Fleischmarkt.

Bold Street [K11] ist die typische alte Einkaufsstraße, wo sich der Dessousladen neben der katholischen Buchhandlung findet. Trendiger geht es auf der anderen Seite zu, in der anschließenden **Church Street** und **Lord Street** [J11]. Topshop, Zara, H&M und andere Modeketten sind hier zu Hause, bieten Textilien in allen Varianten und zu allen Preisen – alles, was man braucht, um modisch auszusehen.

Eleganter geht es im **Met Quarter** zu, wo rote Ledersessel zum entspannten Verweilen einladen. Markenartikler wie Boss, Samsonite, Timberland, Billabong, Armani, Diesel, Hilfiger oder Miss Sixty haben hier ihre Boutiquen, in denen man hin und wieder auch einmal ein Schnäppchen machen kann. Dazwischen finden sich elegante Cafés, die sich preislich allerdings ihrer Umgebung längst angepasst haben.

Liverpool One ⓮ heißt die jüngste, gigantische Einkaufsadresse, ein eigenes Stadtviertel mit Straßen und künstlichen Parkanlagen, Shops und großen Kaufhäusern, Hotels, Kinos, Freizeitzentren, Restaurants, Cafés – und 3000 Parkplätzen. Das im Frühsommer 2008 eröffnete Areal gehört zu den größten Shoppingcentern der Welt.

Typische **Liverpool-Souvenirs** gibt es eigentlich nicht, vielleicht ein Beatles-T-Shirt oder ein Trikot der Liverpooler Kicker (ob Liverpool FC oder Everton FC). Viele schöne Geschenke halten die Museumsshops bereit.

EXTRATIPP

Persönliche Souvenirs: Postkarten von Michael Pace-Sigge

Sie suchen ein ganz persönliches Liverpool-Souvenir? Michael Pace-Sigge, gebürtiger Deutscher und seit Jahren am Mersey lebend, hat eine Reihe interessanter Liverpooler Motive als Postkarten oder Drucke im Angebot. Künstlerisch verfremdet, vermitteln seine Werke ein gutes Stimmungsbild aus der Stadt, in der sich der Künstler inzwischen zu Hause fühlt. 2003 hatte er in der Domino Gallery seine erste Ausstellung, inzwischen schätzen Museen und Theater seine Arbeit.

Aber nicht nur, wenn es um Kunst und Kultur geht, ist sein Wissen gefragt. Wissenschaftlich liegt ihm der Liverpooler Dialekt, das Scouse, besonders am Herzen. Seine Bilder und Postkarten kann man in Liverpool kaufen oder auch per Internet direkt bestellen.

› *Michael Pace-Sigge, Tel. 0151 7282646, www.m4pictures.co.uk*

016lp Abb.: gs

Wer Sinn für Kunst hat oder einfach etwas Ausgefallenes sucht, wird hier sicher fündig. Vielleicht schaut man auch einmal im alternativen Shoppingcenter, der Grand Central Hall, in der Renshaw Street vorbei, das vor allem bei Liverpools Jugend zurzeit hoch im Kurs steht. Auf der Suche nach einem alternativen Buch- oder Plattenladen ist man in der Bold Street richtig.

Vergessen Sie aber bitte nicht: England ist **kein billiges Einkaufsland.** Wer eigens zum Shoppen nach Liverpool fährt, sollte das wissen. Allerdings ist die Auswahl groß, das Angebot an modischem Zubehör mehr als umfangreich.

▲ *Grand Central Hall – alternatives Einkaufszentrum*

EINKAUFSZENTREN

1 [J10] **Cavern Walks,** Mathew Street, Liverpool L2 6RE, Tel. 0151 2369082, www.cavernshopping.com, Mo.-Sa. 10-17.30 Uhr. Hochpreisiges Einkaufszentrum im Cavern Quarter, u. a. Vivienne Westwood und Cricket.

2 [K10] **Clayton Square Shopping Centre,** Clayton Square, Liverpool L1 1QR, Tel. 0151 7094560, http: //clayton.merseyworld.com, Mo.-Sa. 9-18 Uhr, So. 11-17 Uhr. Virgin Megastore, Liverpools größter Plattenladen, ist hier ebenso zu Hause wie ein Disney Store, The Bodyshop - und Liverpools größter Tortenbäcker.

3 [L11] **Grand Central Hall,** 35 Renshaw Street, Liverpool L1 2SF, Tel. 0151 7092074, www.grandcentralhall.com, Mo.-Sa. 10-17.30 Uhr. Alternatives Shoppingcenter mit Dutzenden kleiner Läden.

⓮ [J11] **Liverpool One.** Über das neue Einkaufszentrum „Liverpool One", das erst im Lauf des Jahres 2008 ganz vollendet sein wird, findet man mehr unter der Webadresse www.liverpool-one.com.

4 [K10] **St. John's Shopping Centre,** St. George's Way, Liverpool L1 1LY, Tel. 0151 7090916, www.stjohns-shopping.co.uk, Mo.-Mi., Fr.-Sa. 9-17.30 Uhr, Do. 9-20 Uhr, So. 10-17 Uhr. Über 100 Geschäfte sind hier vereint. Die Liverpudlians schätzen das Zentrum vor allem wegen seiner großen Lebensmittelabteilung und der vielen Fast-Food-Restaurants.

5 [J10] **The Met Quarter,** 43 Whitechapel, Liverpool L1 6DA, Tel. 0151 2242391, www.metquarter.com, Mo.-Mi., Fr. 10-18 Uhr, Do. 10-19 Uhr, Sa. 9.30-18 Uhr, So. 11-17 Uhr. 46 Markenartikler haben hier ihre Zelte aufgeschlagen: Armani, Timberland, Gucci, Prada, Miss Sixty, Missoni, Diesel, Boss usw.

AUSGEFALLENE EINKAUFSIDEEN

6 [K11] **3Beat Records,** 58 Wood Street, Liverpool L1 4AQ, Tel. 0151 7093355, www.threebeatrecords.co.uk. In diesem englandweit bekannten Plattenladen machen DJs gern Station.

7 [M11] **Bulletproof,** 41 Hardman Street, Liverpool L1 9AS, Tel. 0151 7085808, www.itchyliverpool.co.uk. Kleiner Laden, der seine Klamotten montags bis samstags nach Gewicht verkauft.

8 [L11] **News From Nowhere,** 96 Bold Street, Liverpool L1 4DN, Tel. 0151 7087270, www.newsfromnowhere.org.uk. Der angeblich beste Independent-Buchladen Nordenglands.

9 [H6] **Stanley Dock Heritage Market,** Regent Road, Liverpool L30AN, Tel. 0151 2077227, www.heritagemarket.co.uk. Über 500 Händler bieten sonntags in einer ehemaligen Tabakfabrik ihre Waren an. Vorbild ist Londons Camden Market. Vom Hauptbahnhof Lime Street verkehrt an den Marktsonntagen ein kostenloser Shuttlebus in die Regent Road.

10 [J10] **The Beatles Shop,** 31 Mathew Street, Liverpool L2 6RE, Tel. 0151 2368066, www.thebeatlesshop.co.uk. Ausgefallene Beatles-Souvenirs für jeden Geschmack und Geldbeutel.

11 [K11] **The Cake Shop Liverpool,** Unit 13b, Clayton Square Shopping Centre, Ranelagh Street, Liverpool

EXTRATIPP

Shoppen und Entspannen

The Met Quarter 1, *43 Whitechapel, Liverpool L1 6DA, Tel. 0151 2242391. In diesem supermodernen Einkaufszentrum locken tolle Ledersessel zum Ausruhen und Café-Restaurants für den kleinen Hunger zwischendurch den fußmüden Einkaufsbummler.*

L1 1QT, www.cakeshopliverpool.com, Tel. 0151 7096074. Für eine Prachttorte wird man hier schnell 1000 € und mehr los.

12 [L13] **The Wedding House,** 3-4 Great George Place, Liverpool L1 7AG, Tel. 0151 7088283, www.theweddinghouse.co.uk. Spezialladen über mehrere Stockwerke in der Nähe des Chinesen-Viertels.

MÄRKTE

Wie jede Großstadt hat auch Liverpool ein paar kleinere Märkte, auf denen die Bauern der Umgebung ihre Waren anbieten, fast immer samstags zwischen 9 und 14 Uhr. Weitere Informationen: www.nwfinefood.co.uk.

13 [K10] **Farmers Market Monument Square,** 1. und 3. Samstag im Monat, Ort: London Road

14 [M12] **Hope Street Farmers Market,** 3. Sonntag im Monat, Ort: Hope Street (Nähe Koffer-Denkmal)

15 [e18] **Woolton Village Farmers Market,** 2. Samstag im Monat, Ort: Allerton Road, Woolton

017lp Abb.: gs

◄ *Treffpunkt für alle Flohmarkt-Freunde: die alte Tabakfabrik, die heute zum Weltkulturerbe gehört*

LIVERPOOL FÜR GENIESSER

Verhungert oder verdurstet ist am Mersey noch keiner. Im Gegenteil, mehr als 500 Restaurants, Cafés, Bars und Pubs wetteifern allein in Liverpool um die Gunst ihrer Gäste. Vielfalt und Angebot waren noch nie so groß wie heute. Speisen kann man in alten Kathedralen ebenso wie im ehemaligen Gefängnis. Immer schicker wird das Angebot an Cafés, die nicht nur Süßes, sondern auch leckere Sandwiches und Salate offerieren.

Natürlich brauchen auch die Freunde des Fast Food in Liverpool auf nichts zu verzichten, an vielen Ecken stillen kleine Läden den kleinen Hunger zwischendurch. Abends laden elegante Restaurants mit internationalem Charme. Selbst die Pubs sind nach Einführung des öffentlichen Rauchverbots längst nicht mehr so grau wie früher.

VIELFALT DER KÜCHEN

Früher hieß es im Volksmund, ein Franzose lebe, um zu essen. Ein Engländer aber esse, um zu leben. Dieses Vorurteil hat schon lange keine Gültigkeit mehr, erst recht nicht in Liverpool. Sterneköche wie im London Carriage Work, dem Restaurant, das mit dem Hope Street Hotel verbunden ist, gehören inzwischen zu den gefragten Gourmetadressen Englands. Auch das neu gestylte Filini im Radisson Hotel, Simply Heathcotes im

Beetham Plaza oder das ganz neue The Restaurant Bar & Grill, das in einem alten Bankgebäude seinen Platz gefunden hat, belegen den **Wandel der britischen Küche** vom sättigenden Mahl zum kulinarischen Event.

Stew, Sausages, Peas, Cabbage, Chips, Dried Cod – das waren die Schlüsselworte auf den alten Speisekarten: Eintopf, Wurst, Erbsen, Kohl, Kartoffeln und Stockfisch. Leichte Salate, zart gegartes Gemüse und Fleisch vom Feinsten sind heute gefragt. Fish 'n' Chips, das Jahrzehnte für britische Esskultur stand, hat Konkurrenz bekommen. **Modern British** heißt der jüngste Gourmettrend, der auch in Liverpool viele Anhänger hat.

Mehr und mehr auch **bestimmt der Markt das kulinarische Angebot**, kommt nur auf den Tisch, was frisch zu haben ist. Gemüse vor allem, das blanchiert und gedünstet serviert wird statt wie früher zu einer Pampe zerkocht. Nach Salz und Pfeffer haben Englands Köche zudem längst auch Koriander und Safran entdeckt, Kurkuma und Nelken. Und erstaunt registrieren Beobachter, dass man zunehmend mit teurem Öl kocht.

Hinzu kommt die zunehmende **Globalisierung der Küche**, die sich in immer neuen exotischen Angeboten zeigt. Argentinische finden sich neben brasilianischen Steakhäusern, Mexikaner neben Italienern – Essen für jeden Geschmack und Geldbeutel. In der Gastronomie am Mersey ist die britische Küche mittlerweile nur noch eine unter vielen. 53 Lokale in Liverpool rechnen Internet-Statistiker ihr zu, 38 den Indern, 22 den Griechen, 21 den Franzosen, zehn den Spaniern. Die größte Gruppe aber bilden die Chinesen, in deren Stadtviertel sich ein Restaurant an das nächste reiht: 81 insgesamt, die sich vor allem rund um das neu renovierte Chinesische Tor am Ende der Nelson Street [K12] scharen.

018lp Abb.: gs

Je trendbewusster es zugeht, je renommierter der Koch, umso teurer wird das Essen. Zehn bis zwanzig Pfund muss man für ein dreigängiges Menü im Durchschnitt einkalkulieren, mindestens den doppelten Betrag in den angesagten Gourmettempeln der Stadt. Oft aber werden auch dort Spezialmenüs angeboten, isst man generell vor 19 Uhr oft ein bisschen billiger. „Rapido" heißt der Business-Lunch im Filini und auch The Restaurant Bar & Grill, die neue Nummer eins unter Liverpools Restaurants, serviert bis 18 Uhr preisgünstige Sandwiches. Auf alle Fälle lohnt das genauere Studieren der Speisekarten, die an jeder Eingangstür aushängen müssen.

Oft kommt zu den aktuellen Preisen, welche in der Regel die Mehrwertsteuer mit ausweisen, noch eine *Service Charge* dazu, ein **Bedienungsentgelt** von 10–15 %. Auch eine *Cover Charge* nach südländischem Vorbild findet sich immer häufiger, ein Aufpreis von ein oder zwei Pfund für Tischdecke, Brot und Butter.

Die preiswerte Alternative zu den Restaurants sind Pizza- und Dönerbuden sowie Hamburgerläden, die wie die unzähligen asiatischen Fast-Food-Läden überall in Liverpool zu finden sind. Für preisbewusste Esser sind auch die sogenannten **BYO-Gaststätten** *(Bring Your Own)* gedacht, wo man seine Getränke selbst mitbringt, also nur für die Mahlzeit bezahlt. Vielen Gastronomen nämlich sind die Kosten für die Alkohollizenzen zu hoch, weshalb sie gleich ganz auf den Ausschank von Bier und Wein verzichten. Auffallend auch sind die **vielen kleinen, neuen Cafés** in der Stadt, die an die Stelle verräucherter Hinterzimmerkneipen getreten sind. Ein Trend, den das **Rauchverbot**, das seit Juli 2007 in allen öffentlichen Lokalen gilt, sicher beflügelt hat.

Zum Schluss noch ein paar **Ratschläge**, die es zu beherzigen gilt: Vor allem sonntags ist es angeraten, vor dem Restaurantbesuch einen Tisch zu reservieren. Auch hassen es die Wirte, wenn man einfach ins Lokal spaziert und sich direkt an einen Tisch setzt. Sie weisen ihren Gästen lieber einen Platz zu. Sollte keiner frei sein, wird man gewöhnlich in die Lounge geleitet, wo man bei einem Aperitif schon mal die Menükarte studieren kann. Wenig später findet sich dann meist auch immer ein freies Plätzchen.

VOM FRÜHSTÜCK ZUM ABENDESSEN

Mit einem **rustikalen Frühstück** starten die Briten in den Tag. *English breakfast* heißt das und wird auf Wunsch auch in vielen Hotels angeboten, manchmal allerdings nur gegen Aufschlag. Es besteht traditionell aus Tee, Orangen- oder Grapefruitsaft, Cornflakes oder *Cereals* (Müsli), Toast, gesalzener Butter und bitterer Orangenmarmelade. Dazu kommen, je nach Hunger, Schinken, Speck, Rühr- oder Spiegeleier, Würstchen, gegrillte Champignons und weiße Bohnen in Tomatensoße. Ganz traditionell auch noch Kippers, Bratfisch oder Bückling. Für Touristen servieren die meisten Herbergen aber auch ein *continental breakfast*. Toast, Butter und Marmelade, wie man es von zu Hause gewöhnt ist.

Der **Lunch**, wie das Mittagessen auf der Insel genannt wird, fällt nach dem

◄ *Liverpool hat viele Gesichter: Graffiti in der City*

kräftigen Frühstück meist kleiner aus. Zwischen 12 und 14 Uhr sind oft nur kalter Braten, Salate aller Art, Pasteten, Brot und Käse gefragt, gern auch Suppen oder kleine überbackene Leckereien. *Cornish Pasties,* die es in vielen Bäckereien zum Mitnehmen gibt, sind mit Fleisch oder Gemüse gefüllte Teigtaschen. Natürlich können diese auch mit Schokolade oder sonstigem süßen Inhalt gefüllt sein.

Zunehmend zur Mittagspause werden auch die Lebensmittelabteilungen der großen Kaufhäuser genutzt, die immer eine große Anzahl leckerer Salate, belegter Sandwiches und Baguettes vorhalten. Obwohl jeder englische Arbeiter das Recht auf zwei **Teepausen** am Tag hat, wird der *afternoon tea* längst nicht mehr so ernst genommen wie früher. Allerdings erinnern die Teekannen auf fast jedem Hotelzimmer noch an diese Zeit, in der es zum guten Ton gehörte, sich am Spätnachmittag bei einer oder mehreren Tassen Tee zusammenzusetzen. Dazu gab oder gibt es Kuchen und Süßigkeiten, insbesondere mit Butter bestrichene Muffins oder Scones (Rosinenbrötchen), die traditionell mit Erdbeermarmelade und Sahne bestrichen werden, vor allem aber mit *clotted cream.* Unter dieser englischen Bezeichnung versteht man einen dicken Rahm aus roher Kuhmilch mit mindestens 55 % (!) Fettgehalt.

Natürlich gibt es diese Leckereien auch heute noch, doch vom Nährwert her kann man dann auf das Abendessen getrost verzichten. Denn das **Dinner** wird in der Regel schon zwischen 19 und 19.30 Uhr eingenommen und besteht im Restaurant gewöhnlich aus drei oder vier Gängen.

TEE-TON

„Wenn Dir kalt ist, wird Dich Tee wärmen, wenn Du erhitzt bist, wird er Dich abkühlen; bist Du deprimiert, wird er Dich aufrichten, bist Du aufgeregt, wird er Dich beruhigen."

William Gladstone (1809–1898), gebürtiger Liverpooler und mehrfacher englischer Premierminister

2 EMPFEHLENSWERTE LOKALE

Restaurants

16 [M11] **Bistro Chaques** £, 37–39 Hardman Street, Liverpool L1 9AS, Tel. 0151 7091998, www.bistrochaques.com, Mo.–So. 16.30–22.30 Uhr. Rustikale Holztische und große Plakate an den Wänden bilden den Rahmen des meist gut besuchten französischen Restaurants im Theater-Distrikt, das sich durch ein gutes Preis-Leistungs-Verhältnis auszeichnet. Empfehlenswert ist das abendliche Drei-Gang-Theater-Dinner, das allerdings nur bis 19.30 bzw. 18.30 Uhr serviert wird. Dienstagabends heißt es „Wine and Dine": ein zweigängiges Essen samt einer Flasche Wein für ca. 15 £.

17 [I9] **Filini** ££, Radisson Hotel, 107 Old Hall Street, Liverpool L3 9BD, Tel. 0151 9661500, www.radisson.com, Mo.–Sa. 12–14.30 Uhr, 18–22.30 Uhr. Einfache Küche auf höchstem Niveau mit sardischem Einschlag hat man sich hier auf die Fahnen geschrieben, von der vegetarischen Antipasti-Platte bis zum im Marsala-Wein gebetteten Rinderfilet. Tagsüber genießt man in dem neu gestylten Restaurant den Blick auf den Mersey. Mittags gibt es mit „Filini Rapido" einen preiswerten, mehrgängigen Business-Lunch (11,50 £).

PREISKATEGORIEN RESTAURANTS

£	Menü bis 15 £
££	Menü bis 30 £
£££	Menü bis 50 £

18 [I10] **Meet Argentina** ££, 2 Brunswick Street, Liverpool, L2 0PL, Tel. 0151 2581816, Mo.-Fr. 12-23 Uhr, Sa.-So. 17-23 Uhr. Argentinische Küche, wie der Namen schon sagt. Hier können Sie den Köchen beim Grillen zusehen, gibt es täglich frische Tagessuppen. Mit einem Sirloin-Steak, das klein, mittel oder groß serviert wird, ist man immer gut bedient. Fünf Sorten Fassbier.

19 [I12] **Pan American Club** ££, Britannia Pavillon, Albert Dock, Liverpool L3 4AD, Tel. 0151 7091651, www.panam-venue.co.uk, Mo.-So. 11-2 Uhr. Abendessen bei Kerzenlicht, freundliche Bedienung und eine große Weinkarte. Eine der ersten Adressen im Albert Dock. Im Bistro mit Blick auf den Hafen werden Snacks und Sandwiches serviert. Hin und wieder schauen Prominente wie David Beckham vorbei.

20 [I11] **Simply Heathcotes** ££-£££, Beetham Plaza, 25 The Strand, Liverpool L2 0XL, Tel. 0151 2363536, www.heathcotes.co.uk, Mo.-Sa. 12-14.30 Uhr, 18-23 Uhr, So. 12-21 Uhr. Das lichtdurchflutete Restaurant gehört zu Liverpools gastronomischen Top 5. Vor allem sonntags trifft man sich hier gern zum Lunch. Zur Verwendung kommen ausnahmslos frische Zutaten. Montagabends gibt es ein vergleichsweise günstiges zweigängiges Dinner inkl. einer halben Flasche Wein.

21 [K10] **Sultan's Palace** £-££, 73-79 Victoria Street, Liverpool L1 6DE, www.sultans-palace.co.uk, Tel. 0151

019lp Abb.: gs

EXTRATIPP

Dinner for one

Wer gerne beim Essen für sich sein will und ungestört (insbesondere Frauen) dinieren möchte, dem seien folgende Lokalitäten ans Herz gelegt:

- ***The Restaurant Bar & Grill*** 2. *Das 2007 in einem ehemals viktorianischen Bankpalast errichtete Restaurant ist der ideale Ort, um auch einmal allein zu speisen. Frau gönnt sich ja sonst nichts ...*
- ***Plum*** 3. *Ganz in lila zeigt sich die kleine Bar im großen Hotel Malmaison. Sie gehört zu den Szenetreffs der Stadt, in die man nicht unbedingt zu zweit oder in Gruppen geht.*
- ***Tate Liverpool Museumscafé*** 5, *tgl. 10-17.50 Uhr, Sept.-Mai Mo. geschlossen. Im lichtdurchfluteten Museumscafé trifft man nicht nur kunstsinnige Schöngeister ...*

▲ *Malmaison: eins der neuesten Hotels in Liverpool*

EXTRATIPP

Für den späten Hunger

Die meisten Restaurants schließen ihre Küche zwischen 22 und 23 Uhr. Länger haben in der Regel die asiatischen Restaurants geöffnet, teilweise bis weit nach Mitternacht. Bis 23.30 Uhr serviert man auch noch gern im ***Sultan's Palace*** 2.

2279020, Mo.-Fr. 12.30-14.30 Uhr, Mo.-So. 17.30-23.30 Uhr. In der Stadtmitte gelegenes indisches Keller-Restaurant. Spezialität sind die im Lehmofen gebackenen Tandoori-Gerichte mit Hühnchen oder Lamm. Die Küchenchefs stammen angeblich aus Delhis Spitzenrestaurants. Mittags ist ein dreigängiger Speziallunch im Angebot.

22 [I10] **The Restaurant Bar & Grill** £££, Halifax House, 5 Brunswick Street, Liverpool L2 0UU, Tel. 0151 2366703, www.therestaurantbarandgrill.co.uk, Mo.-Sa. 11.30-23 Uhr, So. 11.30-22.30 Uhr. Das 2007 in einem ehemals viktorianischen Bank-Palast errichtete Restaurant gehört zu Liverpools ersten gastronomischen Adressen. Zu seinen Spezialitäten zählt der gebratene Heilbutt aus dem Holzkohleofen. Empfehlenswert sind auch die Nachspeisen wie die Puddingplatte. Zwischen 12 und 18 Uhr werden leckere Sandwiches serviert.

EXTRATIPP

Essen mit Aussicht

Aussichten auf das gerade neu erschlossene Queens Dock offeriert das Restaurant im ersten Stock des ***Leo Casino*** 3*, eine der ersten Liverpooler Nightlife-Adressen. Aber auch tagsüber ist der Blick auf Queens Dock und Mersey vom Restaurant des Spielcasinos aus überwältigend. Wie in allen britischen Casinos benötigt man aber für den kostenlosen Zugang Pass oder Personalausweis. Mein persönlicher Tipp: Bei einem* ***Snack auf einer der Mersey-Fähren*** 4 *ist die Aussicht am schönsten ...*

Vegetarische Restaurants

23 [L11] **Green Fish Cafe** £, 11 Upper Newington (Nähe Renshaw Street), Liverpool L1 2SR, Tel. 0151 7078592, Mo.-Sa. 10-17 Uhr. Frühstück bis Mittag. Gebratenes Gemüse, Curry, gebackene Kartoffeln, Couscous, Lasagne und Salate aller Art. Tee und Kaffee werden mit Soyamilch serviert. Leider nur beschränkte Öffnungszeiten.

24 [L11] **The Egg Cafe** £-££, 16-18 Newington, 2. Stock, Liverpool L1 2SR, Tel. 0151 7072755, Mo.-Fr. 9-22.30 Uhr, Sa.-So. 10-22.30 Uhr. Liverpools erste Vegetarier-Adresse, auch für Veganer. Im Angebot sind über 30 Gerichte, darunter täglich ein oder zwei frische, vegetarische Suppen, dazu würzige Bohnen-Burger, Salate und Quiches. Sonntags vegetarische Spezialmenüs vom Grill. Große Portionen und gutes Preis-Leistungs-Verhältnis.

Weitere Restaurants für jeden Geschmack und Geldbeutel

25 [K11] **Afrikanisch: Quynny's Quisine** £, 45a Bold Street, Liverpool 1 4EU, Tel. 0151 7087757. Afrikanische und karibische Küche, nicht jedermanns Geschmack, aber authentisch.

26 [L11] **Brasilianisch: Meet Brazilian** ££, 66 Bold Street, Liverpool L1 4HR, Tel. 0151 7076507. Schwesterlokal von Meet Argentina, Freunde von Steaks sind dort gut aufgehoben.

27 [J10] **Burger: River Bar & Grill** ££, 89 Victoria Street, Liverpool L1 6DG, Tel. 0871 9606109. Keine Frittenbude, sondern Liverpools Gourmet-Burger-Restaurant mit renommiertem australischen Chefkoch.

28 [K11] **Chinesisch: Buffet Star** £, 87–89 Hanover Street, Liverpool L1 3DZ, Tel. 0151 7030645. All-you-can-eat-Restaurant mit über 60 Gerichten der China- und Thai-Küche.

29 [J10] **Englisch klassisch: Thomas Rigbys** £–££, 23–25 Dale Street, Liverpool L2 2EZ, Tel. 0151 2363269. Eintöpfe und Suppen, frisches Fleisch und gute Salate: Thomas Rigbys bietet klassische englische Küche.

30 [J10] **Französisch: Bistro Pierre** £–££, 14 Button Street, Liverpool L2 6PS, Tel.08718114724. Einfaches Restaurant im Cavern Quarter, serviert aber mehr als Rotwein und Baguette ...

31 [H9] **Griechisch: Bacchus Taverna** £–££, 14 Waterloo Road, Liverpool L3 7BB, Tel. 0151 2551661. Acht verschiedene griechische Weine stehen zur Auswahl – und dazu alles, was die griechische Küche zu bieten hat.

32 [K12] **Italienisch: Il Forno** £–££, 132 Duke Street, Liverpool L1 5 AG, Tel. 0151 7094002. Italiener im Herzen der Innenstadt: Pizzen und À-la-carte-Essen sowie selbstgemachtes Eis.

33 [K12] **Japanisch: Sapporo Teppanyaki** ££–£££, 134 Duke Street, Liverpool L1 5AG, Tel. 0151 7053005. Wer mit Stäbchen umzugehen weiß, findet dort die passenden Speisen. Nicht ganz billig.

34 [K12] **Mexikanisch: Savina** £–££, 138 Duke Street, Liverpool L1 5AG, Tel. 0151 7089095. Edel-Mexikaner in einem alten Backsteingebäude, gutes Preis-Leistungs-Verhältnis.

020lp Abb.: gs

▶ *Oft verweisen Schiefertafeln auf besondere Angebote*

35 [L11] **Modern International: London Carriage Work** £££, Hope Street Hotel, 40 Hope Street, Liverpool L1 9DA, Tel. 0151 7052222. Teures Szenelokal mit Promi-Koch, unbedingt reservieren!

36 [J10] **Pizza: Pizza Express** £, 11–13 Victoria Street, Liverpool L2 5QQ, Tel. 0151 2364987. Pizza-Restaurant in der Innenstadt.

37 [J10] **Portugiesisch: Algarve Portugese Restaurant** £–££, 18a Stanley Street, Liverpool L1 6AF, Tel. 0151 2360206. Wer Knoblauch liebt, für den ist Liverpools einziges portugiesisches Restaurant genau der richtige Ort.

38 [K11] **Russisch: St. Petersburg Russian Restaurant & Dining Club** ££–£££, 7a York Street, Liverpool L1 5BN, Tel. 0151 7096676. Szenerestaurant im Vergnügungsviertel. Am Wochenende auch mit Liveprogramm.

39 [R16] **Tapas: Esteban Tapas Bar** £, 40 Lark Lane, Liverpool L 17 8UU, Tel. 0871 8114780. Im Sommer mit der Möglichkeit im Freien zu sitzen, schöner Chill-out-Platz.

40 [L11] **Türkisch: Euro Istanbul** £, 94a Bold Street, Liverpool L1 4HY, Tel. 08718114810. Türkische Spezialitäten, auch zum Mitnehmen.

Cafés

41 [J10] **Caffè Nero,** 38 Castle Street, Liverpool L2 ONR, Tel. 0151 2279797, www.caffenero.com, Mo.–Fr. 7–18.30 Uhr, Sa. 8–17 Uhr, So. 9–17 Uhr. Kleines Café mit nur wenigen Sitzgelegenheiten. Der Espresso (1,30 £) wird in ganz Liverpool gerühmt. Lecker sind auch die belegten Paninis und handgemachten Gourmet-Sandwiches für den kleinen Hunger zwischendurch. Kein Alkoholausschank. Die Eingangstür gehört zu den schönsten der Stadt.

42 [L10] **Costa Coffee,** Lime Street Station, Liverpool L1 1JD, Tel. 0151 7071821. Gut 30 Plätze bietet das kleine Café in einem der schönsten britischen Bahnhöfe. Bei einer Tasse Kaffee (1,40 £) lässt sich hier gut Abschied von der Stadt nehmen, ehe man mit dem Zug zum Flughafen Manchester weiterfährt.

43 [L11] **Kimo's,** 46 Mount Pleasant, Liverpool L3 5 SD, Tel. 0151 2072355, Mo.–So. 10–23 Uhr. Café und Restaurant mit sehr gutem Preis-Leistungs-Verhältnis – besonders beliebt bei Studenten, die große Portionen schätzen. Empfehlenswert ist vor allem das „Mediterranean Breakfast".

44 [M12] **Mezzanine Café Bar,** Liverpool Cathedral, St. James Mount, Liverpool L1 7AZ, Tel. 0151-7096271, Mo.–Sa. 9–16.30 Uhr, So. 11.30–16 Uhr. Ein echter Geheimtipp ist die Café-Bar über dem Shop der Kathedrale. Alle Angebote stammen – soweit möglich – von Erzeugern aus der Umgebung. Groß ist auch das Angebot an Fruchtsäften und Tee. Kostenloser Internetzugang.

021lp Abb.: gs

LIVERPOOL AM ABEND

Liverpool ist eine Stadt mit Herz. In zwei, drei Tagen lässt sich ihr Puls leicht fühlen. Um sie zu erobern, braucht es freilich länger. Deshalb gibt es Briten, die fast jedes Wochenende Richtung Liverpool reisen. Vor allem Nachtschwärmer loben die Stadt in höchsten Tönen, die als eine der lebendigsten auf der Insel gilt. Langweilig jedenfalls ist es am Mersey noch keinem geworden.

3 NACHTLEBEN

Überblick

Die Geschichte des Liverpooler Freizeitvergnügens ist lang. So zählte die Stadt schon anno 1871 ein Dutzend Theater, Musikhallen und andere große Unterhaltungsschauplätze,

dazu Konzertbühnen wie St. George's Hall 9, die damals freilich den kulturellen Eliten vorbehalten waren. In der ersten Hälfte des 20. Jahrhunderts aber wurden **viele Theater durch Kinos ersetzt.** Anno 1913 etwa gab es in Liverpool insgesamt noch elf Theater und 32 Kinos. Im Jahr 1931 dagegen waren es nur noch sechs Theater, aber 69 Kinos. Zwei von drei Einwohnern, so wollen Kulturhistoriker ausgerechnet haben, gingen zu dieser Zeit jede Woche mindestens einmal in ein Lichtspieltheater.

Zwar dämpfte das Fernsehen in der zweiten Hälfte des vorigen Jahrhunderts die Lust am abendlichen Kneipengang oder am Theater-, Konzert- oder Kinobesuch. Spätestens mit der Jahrtausendwende und dem Aufkommen **neuer Amüsiermeilen** rund um das Albert Dock 1, um Hope, Duke und Wood Street aber hatte Liverpool seine alte Feierlaune wiedergefunden.

In immer neuen Klubs und Bars schlägt die sich nieder, vor allem auch im Bau vieler neuer Hotels, die den Nachtschwärmern am Wochenende Unterschlupf bieten. Selbst ein kleines Casino 3 – mit Mersey-Blick, zwei Cocktail-Bars und einem À-la-carte-Restaurant – freut sich inzwischen über steigende Besucherzahlen. Zentrale Vergnügungsachsen sind nach wie vor die Gegend um Duke Street [K11] und Seel Street [K11], wo sich die Klubs ballen. Im Hotelviertel hinter dem Pier Head 3 findet sich eine Reihe von Bars und

BINGE DRINKING – SAUFEN BIS ZUM UMFALLEN

„Binge Drinking“ ist ein typisch englisches Wort, das dem Cockney-Dialekt entstammt. Dahinter verbergen sich in der Regel ***kollektive Massenbesäufnisse,*** *teilweise auch Kampftrinken mit Wettbewerbscharakter. Als „Komasaufen“ kennt man das Phänomen inzwischen auch in Deutschland. Doch während in den deutschsprachigen Ländern exzessiver Alkoholgenuss gesellschaftlich sanktioniert ist, müssen sich englische Jugendliche damit abfinden, von vielen ihrer Freunde und Bekannten schief angesehen zu werden, wenn sie einen Bogen um die Wochenendbesäufnisse machen. Vor allem in den Großstädten beschäftigt das Binge Drinking freitags und samstags Polizei und Rettungsdienste, die in diesen Nächten am meisten zu tun haben.*

Auch Liverpools Amüsiermeilen zeigen sich an den Wochenenden hin und wieder mehr feucht als fröhlich, hat doch der Suff in der alten Hafenstadt eine ***lange Tradition.*** *Schon zu viktorianischer Zeit betranken sich Männer und Frauen mehr oder minder regelmäßig, was sich damals auch in der Kriminalstatistik spiegelte. So rangierten in der zweiten Hälfte des 19. Jahrhunderts Arreste wegen Trunkenheit an der Spitze aller Vergehen. Selbst moralische Instanzen wie die Kirche tolerierten den Alkoholgenuss, gestanden Hafenarbeitern mindestens fünf Liter Bier als tägliche Ration zu.*

Es ist daher kein Wunder, dass Liverpool im ganzen Land ***für seine Säufer berüchtigt*** *war. Ende des 19. Jahrhunderts versuchten die Sicherheitsbehörden deshalb, die Ausschankzeiten, die zum Teil bis in den frühen Morgen dauerten, zu begrenzen – mit mäßigem Erfolg. Auch wenn der Alkoholkonsum in England zeitweise zurückging, so hatte Liverpool immer in etwa die doppelte Anzahl an Alkoholleichen und Promilletätern als andere englische Städte zu verzeichnen.*

Früher erklärte man sich den Wochenendsuff mit der schweren körperlichen Arbeit im Hafen. Dockarbeiter erstickten im Rausch die Qualen eines nicht selten zwölf Stunden langen Arbeitstages. Heute freilich helfen diese Erklärungsmuster wenig, um das feuchtfröhliche Treiben in der Stadt zu deuten. Inzwischen gehört das Trinken nämlich zur Geselligkeit, das die Liverpudlians nicht nur am Wochenende pflegen.

In England wird häufig ***deutlich schneller getrunken*** *als in Deutschland, Österreich oder der Schweiz. Für die Rettungsfahrzeuge heißt das am Wochenende Hochbetrieb, für die Polizei, die sich inzwischen auf das Binge Drinking eingestellt hat, besondere Vorsicht. In vielen Problemgebieten Liverpools ist der öffentliche Alkoholgenuss inzwischen deshalb ganz verboten, Schilder warnen die Trinker. Und auch* ***in Liverpools Fußballstadien*** *ist der Bierausschank auf die Stände hinter den Tribünen beschränkt. Kurz vor dem Spiel darf überhaupt kein Alkohol mehr ausgeschenkt werden.*

0221p Abb.: gs

Nachtklubs mit internationalem Publikum.

Immer beliebter werden die sogenannten **Pub Games.** Waren es früher meist Dart, Billard, Domino oder Jenga, sind es heute öffentliche Quizveranstaltungen, bei denen es zum Teil ansehnliche Preise zu gewinnen gibt.

Pubs – Treffpunkte der Generationen

Englands populärster Freizeittreff sind nach wie vor die *Public Houses,* kurz *Pubs* genannt. Für viele Briten sind sie **eine Art zweites Wohnzimmer,** ein Ort zum Plausch mit Nachbarn oder Arbeitskollegen, Freunden und Verwandten. Nur Kinder unter 14 Jahren haben offiziell im Pub nichts zu suchen, weshalb viele Gaststätten sogenannte *Family Rooms* eingerichtet haben, in denen auch die jüngsten Familienmitglieder Einlass finden. Früher wurden die Pubs generell um 23 Uhr dicht gemacht, weshalb sich mancher Pubbesucher kurz vorher noch zum Sturztrunk veranlasst sah. Inzwischen erlaubt ein neues Gesetz allen Gaststätten, die nicht in einem Wohngebiet liegen, längere Öffnungszeiten. Diese allerdings muss der Wirt bei den Behörden erst beantragen.

Manchmal finden sich an den Eingangstüren zum Pub noch Schilder, die aus einer Zeit stammen, als die Briten über ein ausgeprägtes Standesbewusstsein verfügten. *Public Bar* steht für eine rustikale Einrichtung, also für wenig oder gar keinen Komfort, weshalb sich hier früher meist nur die harten Trinker versammelten. *Saloon Bar* markiert den Pub des Bürgers, was man auch an den Preisen spüren kann. Hinter der *Private Bar* verbirgt sich in der Regel ein

▲ *Für viele Briten sind Pubs wie dieser in der Mathew Street ein zweites Zuhause.*

Klub, in dem sich auch alleinreisende Damen wohlfühlen können. Als *Lounge Bar* schließlich firmieren gut ausgestattete Pubs, in denen häufig auch bedient wird, denn in der Regel finden sich im Pub keine Kellner und Kellnerinnen. Deshalb gilt es, immer **am Tresen zu bestellen:** ein *Pint* zum Beispiel (ausgesprochen: Paint), was etwa unserer halben Maß entspricht, oder ein *Half-a-Pint*. Dabei sollte man gleich die Biersorte nachschieben, denn nur „ein Bier" zu bestellen, gilt als unhöflich. Es ist also ratsam, immer gleich Menge und Sorte bei der Bestellung mit anzugeben.

Das gezapfte **Bier,** das sogenannte *Real Ale,* hat in der Regel fast keinen Schaum – und ist gewöhnlich auch längst nicht so kühl wie sonst in Europa. Geschmacklich von Kontinentaleuropa beeinflusst ist das sogenannte *Lager,* das gefiltert und pasteurisiert wird und deshalb auch deutlich teurer ist als das obergärige Bitter-Bier. Übrigens muss es nicht immer Bier sein: Wer will, kann auch mal *Cider* probieren, den englischen Apfelwein, der deutlich mehr Alkoholgrade aufweist als das deutsche Pendant. Auch Wein gibt es inzwischen im Pub, dessen Qualität aber nicht immer mit den Preisen Schritt hält.

Gezahlt wird im Pub gleich am Tresen, beim Wirt, der Wirtin oder ihren Helfern, die kein Trinkgeld erwarten. Ärgerlich können sie jedoch werden, wenn Gruppen ihre Getränke einzeln bezahlen. Deshalb ist es ratsam, wenn jeder jeden abwechselnd zu einem Drink einlädt. Spätestens aber wenn es laut „Last Orders" heißt, sollte die Bestellung am Tresen eingehen.

BIER IST NICHT GLEICH BIER

- ***Brown Ale:*** *süß, kräftig, dunkel*
- ***Real Ale:*** *Fassbier ohne Kohlensäure mit bis zu 8 % Alkoholgehalt*
- ***Barley Wine:*** *extra starkes Bier*
- ***Light Ale (Lager):*** *hell, schäumend*
- ***Mild:*** *dunkel*
- ***Stout:*** *Starkbier – Guinness (bitter), Mackeson (süß)*
- ***Bitter:*** *dunkles Fassbier (obergärig und bitter)*

Bars und Pubs

45 [L11] **Alma de Cuba,** St. Peter's Church, 90 Seel Street, Liverpool L1 4BH, Tel. 0151 7027394. Schicke Restaurant-Bar in einem der ältesten Liverpooler Gotteshäuser. Glasfenster und Altar hat man ebenso wie die Kapelle in den Gastronomiebetrieb integriert. Bei Kerzenlicht lässt es sich herrlich, aber auch teuer speisen. Spezialitäten sind kubanische Speisen.

46 [J12] **Babycream,** Suite 4 M Atlantic Pavilion, Albert Dock, Liverpool L3 4AE, www.babycream.co.uk, Tel. 0151 7025826, Mo.–So. 12–2 Uhr. Restaurant-Bar-Klub mit großer Lounge und Schickimicki-Ambiente – mit entsprechenden Preisen. Zum „Powder Room" haben nur Mädchen Zutritt – und Männer, die von ihnen eingeladen werden.

47 [L11] **Jacaranda,** 21–23 Slater Street, Liverpool L1 4BW, Tel. 0151 7078281, Mo.–Sa. 12–2 Uhr, So. 12–22.30 Uhr. An den Wänden hängen Fotos der Beatles, die während ihrer Studienzeit hier viele Stunden verbrachten. Das Bier ist noch immer billig – vielleicht ein Grund, dass hier auch unter der Woche immer etwas los ist. Hin und wieder Livemusik.

023lp Abb.: gs

48 [K11] **Korova,** 39–41 Fleet Street, Liverpool L1 4AR, Tel. 0151 7097097, www.korova-liverpool.com, Mo.–Sa. von 11 Uhr bis spätabends, So. 11–0.30 Uhr. Eine Mischung aus Bar und Klub, die jeden Abend Livebands präsentiert. „Wir lieben sie, wir denken, sie sind gut, deshalb holen wir sie nach Liverpool", lautet das Motto für die Verpflichtung der Musiker. Die klubeigene Cafébar schließt schon um 20 Uhr.

49 [Q17] **Negresco,** 32–34 Lark Lane, Liverpool L17 8UR, Tel. 0151 70997, www. negresco.co.uk. In dem neuen Pub laden viele kleine Sitzecken ein zu einem gemütlichen Abend. Bilder und Ausstattung sollen an das französische Vorbild erinnern, das Hotel Negresco in Nizza. Lunch ab 10 £.

▲ *Zeit zum Ausspannen: Schnappschuss aus dem Negresco im Ausgehviertel Lark Lane*

50 [I10] **Newz Brasserie,** 18 Water Street, Liverpool L2 OTD, Tel. 0151 2362025, www.newzbrasserie.com. Schicke Restaurant-Bar im Hotelviertel, die vor allem am Wochenende überlaufen ist. Viel junges Publikum, auf dessen Outfit Türsteher achten.

51 [M11] **Philharmonic Dining Room,** 36 Hope Street, Liverpool L1 9BX, Tel. 0151 7072837. Kennern gilt er als der schönste Pub in der Stadt. Sein viktorianisches Ambiente vergisst man so schnell nicht, der Tresen gleicht einem Hufeisen. Viele Besucher kommen freilich nur wegen der Herrentoilette, die als die schönste Englands gilt.

52 [H10] **Plum,** William Jessop Way, Princess Dock, Liverpool L3 QW, Tel. 0151 2295000, www.malmaison.com, Mo.–Sa. 17–2 Uhr, So. 17–24 Uhr. Ganz in lila zeigt sich die kleine Bar im großen Hotel Malmaison. Sie gehört zu den Szenetreffs der Stadt. Die teuersten Cocktails krönen die ganz in Schwarz gekleideten KellnerInnen mit Champagner.

53 [J10] **The Living Room,** Victoria Buildings 15, Victoria Street, Liverpool L2

5QS, www.thelivingroom.co.uk, Tel. 0151 2361999, Mo.-Sa. 10-24 Uhr, So. 11-22.30 Uhr. Banker und andere fühlen sich in dem Palast aus Glas, Holz, Pflanzen und Kerzenlichtern wohl. Sie verfügen auch über das Geld für die Cocktails, die den Abend versüßen.

54 [I10] **The Slaughterhouse,** 13-15 Fenwick Street, Liverpool L2 7QS, Tel. 0151 2316881, So.-Do. 11-23 Uhr, Fr. und Sa. 11-2 Uhr. Einer der ältesten Pubs der Stadt im Businessviertel mit 150 Plätzen. Mittags-Lunch: 3-7 £. Do., Fr. und Sa. abends gelegentlich Livemusik. Große Auswahl guter Fassbiere.

55 [L10] **The Vines,** 81-89 Limestreet, Liverpool L1 1JQ, Tel. 0151 7093977. Seit 1906 wird hier ausgeschenkt. Der bahnhofsnahe Laden gilt als eine der größten Schänken der Stadt, so eine Art Liverpooler Hofbräuhaus. Vor allem am Wochenende ist hier der Teufel los, spielen hin und wieder Livemusiker.

Klubs, Discos & Co.

56 [L10] **Carling Academy,** 11-13 Hotham Street, Liverpool L3 5UF, www.liverpool-academy.co.uk, Tel.0151 7073200. Gleich zwei große Bühnen vereint der Klub, der vor allem Livemusik bietet. Beliebter Tour-Stop britischer Rock- und Pop-Bands.

57 [K11] **Camel Club,** 18-22 Wood Street, Liverpool L1 4AQ, Tel. 0151 7071933, www.revolution-bars.co.uk, Mo.-Sa. 21-2 Uhr, Eintritt: Sa. 3 £. Ein Geheimtipp ist der Klub oberhalb der Revolution Bar, der sich auf Hip-Hop und R&B spezialisiert hat. Türsteher achten auf den Dresscode: Smart Casual. Im Publikum dominieren die Twens. Empfehlenswerte Besuchstage sind Do. und Mo., dann kostet jedes Getränk nur 1 £.

58 [L11] **Circus** (früher: The Masque), 90 Seel Street, Liverpool L1 4BH, Tel. 0151 7085051, www.circusclub.co.uk, 22-3 Uhr. Drei Klubs, fast alle unter einem Dach, im Zentrum ein altes Theater, das bis zu 1200 Gästen Platz bietet. Die Stätte gilt als das Epizentrum der House-Szene. Englands populärste DJs heizen hier regelmäßig ein.

59 [K11] **Le Bateau,** 62 Duke Street, Liverpool L1 5AA, Tel. 0151 7096508, Di.-Mi. 22.30-2 Uhr, Fr.-Sa. 22.30-3 Uhr. Was von außen so gar nicht zum Besuch einlädt, entpuppt sich von innen als geräumige Tanzhalle. Wer alternativ und cool sein will, ist im „Bat" gut aufgehoben. Im Gegensatz zu vielen anderen Klubs gibt es hier keinen speziellen Dresscode.

•**60** [K13] **Leo Casino,** 44 Chaloner Street, Queens Dock, Liverpool, L3 4BF, Tel. 0151 7098878, www.leocasino.co.uk, So.-Fr. 12-6 Uhr, Sa. 12-4 Uhr. Wunderschön an einem Dock gelegenes Spielcasino mit Restaurant und zwei Cocktailbars. Poker, Roulette und Black Jack locken neben Spielautomaten.

61 [K11] **Modo,** 23-25 Fleet Street, Liverpool L1 4AR, Tel. 0151 7098832. Populäre Liverpooler Cocktailbar. Die Liverpudlians entspannen im Modo gern nach einem anstrengenden Einkaufsbummel.

62 [L12] **The Blue Angel,** 108 Seel Street, Liverpool L1 4BL, Tel. 0151 7076171, Mo.-Sa. 20-2 Uhr (Eintritt). Liverpudlians kennen den Klub nur als „The Raz". Zwei separate Dancefloors kennzeichnen den vor allem bei Studenten wegen seiner moderaten Preise beliebten Klub. Am Wochenende oft überfüllt. Zu den ersten, die hier aufspielten, gehörten die Beatles und die Stones.

63 [J10] **The Cavern Club,** 10 Mathew Street, Liverpool, L2 6RE, Tel. 0151 2361964, www.cavernclub.org, Mo.-Mi. 11-18 Uhr, Do. 11-2 Uhr, Fr.-Sa. 11-2.30 Uhr, So. 11-0.30 Uhr. Die Neuauflage des legendären Beat-Klubs der 1960er-Jahre ist noch immer einer der bekanntesten Liverpooler Klubs. Vor allem Beatles-Nostalgiker kommen hier auf ihre Kosten. Am Wochenende spielen meist Livebands.

64 [K11] **The Krazy House,** 16 Wood Street, Liverpool L1 4AQ, Tel. 0151 7085016, www.thekrazyhouse.co.uk, Do.-Sa. 21-3 Uhr. Punks, Studenten und Metal-Fans fühlen sich hier wohl. Seit der Eröffnung in den frühen 1990er-Jahren haben sich die Gästezahlen des Klubs verzehnfacht. Auf drei Flächen heizen DJs kräftig ein, auch Livemusik.

65 [M11] **The Magnet,** 45 Hardman Street, Liverpool L1 9AS, Tel. 0151 7096969, www.magnetliverpool.co.uk, Mo.-Sa. 11-24 Uhr, So. 12-0.30 Uhr. (Der Klub ist auch nach Mitternacht geöffnet, allerdings wird dann offiziell eine Mitgliedschaft verlangt.) Einer der ältesten Klubs der Stadt. Funk, Soul, Reggae, Hip-Hop, Rock und Indie sind die Stilrichtungen, auch mal ein paar Beatklänge, mit denen das Magnet 1964 startete. Hin und wieder sind Livebands zu Gast.

66 [L11] **The Zanzibar Club,** 43 Seel Street, Liverpool L1 4AZ, Tel. 0151 7070633, wwww.thezanzibarclub.com, Mo.-Sa. Livekonzerte ab 21 Uhr (Eintritt). Viele lokale Talente haben in dem Underground-Klub erstmals ein größeres Publikum gefunden, Gruppen wie The Corals oder The Zutons, die hier ihre ersten Auftritte hatten. Heute mindestens genauso beliebt wie der Cavern Club.

4 THEATER UND KONZERTE

Liverpools Theater können sich sehen lassen. Hier machten Schauspieler wie Rex Harrison, Rita Tushingham oder Jimmy McGovern Karriere. **Playhouse** und **Everyman Theatre** stehen für Inszenierungen von Rang, die immer wieder mit Preisen bedacht wurden. Und auch auf Tourneen sind Liverpooler Inszenierungen geschätzt. Den beiden Bühnen kommen nicht nur ihr Erfahrungsschatz zugute, sondern auch die künstlerische Kraft der Universitätsmetropole, die immer wieder neue Autoren hervorbringt. Umgerechnet rund 50 Millionen Euro sollen in den nächsten Jahren zudem in die Neugestaltung der beiden Theater investiert werden, die nach dem Facelifting international noch konkurrenzfähiger sein sollen.

Neben den beiden großen Bühnen sorgen auch ein paar kleinere für abendliche Abwechslung, Theater, die ihr Programm zum Teil ganz auf Studenten eingestellt haben. So wie das **Unity Theatre,** das häufig neue Talente aus dem Liverpool Institute for Performing Arts (LIPA) präsentiert. Auch das Institut selbst organisiert rund 30 Veranstaltungen jährlich, vom modernen Jazztanz bis zum antiken Drama. Mit Krimi-Abenden und Theaterspuk glänzt das **Neptune Theatre,** das regelmäßig auch spezielle Aufführungen für Kinder im Programm hat. Comedy vom Feinsten ist im **Royal Court Theatre** zu Hause.

Mehr und mehr in Mode kommen auch Theaterinszenierungen an ungewohnten Spielorten, in alten Werften oder Tunnelanlagen. So gehören die sommerlichen Theaterspektakel im **Williamson Tunnel Heritage Center** – einem weitverzweigten unterirdischen System, das der exzentrische Tabak-Millionär Joseph Williamson im 19. Jh. anlegen ließ – zu den Geheimtipps der Theatergänger. Und auch zu Halloween geht hier die Post ab, gruseln sich Tausende unterirdisch.

Seit Anfang 2008 verfügt Liverpool endlich auch über eine große Mehrzweckhalle. Mit gut 10.000 Sitzplätzen ist das neue **Arena Center** der richtige Rahmen für die Auftritte der ganz Großen im Showgeschäft, die um die Stadt oft einen Bogen gemacht

0241p Abb.: gs

haben. Bislang waren Tourneeveranstalter auf das inzwischen ebenfalls neu aufgemöbelte **Empire Theatre** mit seinen 2400 Samtsitzen und Brokatvorhängen angewiesen – Liverpools Traditionsbühne, die sich gern mit Londons Royal Albert Hall vergleicht.

Großes Renommee genießt auch die **Philharmonic Hall** ⓲, die Heimstatt des Royal Liverpool Philharmonic Orchestras. Nach dem Brand der alten Philharmonie 1933 wurde die Musikhalle sechs Jahre später im Art-déco-Stil neu aufgebaut. Als Megaphon hat der Architekt die Form der Halle beschrieben, mit dem Orchester am Mundstück. In der **Rodewall Suite,** die ebenfalls zur Philharmonic Hall gehört, gastieren hin und wieder Jazz- und Folkmusiker.

- 67 [I13] **Arena and Convention Center,** Kings Parade, Tel. 0151 4758888, www.accliverpool.co.uk
- 68 [L10] **Empire Theatre,** Lime Street, www.liverpool-empire.co.uk, Tel. 0151 7083200
- 69 [M11] **Everyman Theatre,** 13 Hope Street, Tel. 0151 7094776, www.everymanplayhouse.com
- 70 [K10] **Liverpool Playhouse Theatre,** Williamson Square, Tel. 0151 7094776, www.everymanplayhouse.com
- 71 [K11] **Neptune Theatre,** Hanover Street, Tel. 0151 7097844. Zurzeit wegen Renovierung bis mindestens 2009 geschlossen.
- ⓲ [M12] **Philharmonic Hall,** Hope Street, Liverpool L 1 9BP, Tel. 0151 7093789, www.liverpoolphil.com
- 72 [K10] **Royal Court Theatre,** 1–7 Roe Street, Liverpool, Tel. 0870 7871866, www.royalcourtliverpool.co.uk
- ❾ [K10] **St. George's Hall Small Concert Room,** Tel. 0151 7093789, www.liverpoolphil.com. Kleiner Saal für Kammerkonzerte.
- 73 [M12] **Unity Theatre,** 1 Hope Place, Liverpool, Tel. 0151 7094988, www.unitytheatreliverpool.co.uk
- 74 [O11] **Williamson Tunnels Heritage Center,** The Old Stableyard, Smithdown Lane, Tel. 0151 7096868, www.williamsontunnels.co.uk

▲ *Auftritt einer japanischen Beatles-Coverband im Cavern Club*

5 LIVERPOOL FÜR KUNST- UND MUSEUMSFREUNDE

Hätten Sie das gedacht? Keine andere englische Stadt neben London zählt so viele Museen, Galerien und Kunstinstitute wie die Stadt am Mersey. Viele der betagten Ausstellungshallen wurden in den letzten Jahren mit großem Aufwand restauriert, neue Kunsttempel kamen hinzu. Seit die Eintrittsgelder abgeschafft wurden, finden die staatlichen Museen einen nie gekannten Zuspruch. Viele Hunderttausend Besucher sind es inzwischen, die jährlich die Tate Gallery oder das World Museum of Liverpool besuchen. Noch mehr Besucher aber machen im Albert Dock Station, wo The Beatles Story die Geschichte der berühmtesten Söhne Liverpools erzählt.

ÜBERBLICK

Neu renoviert präsentiert sich seit 2008 Englands ältestes Kunstzentrum, das Bluecoat Arts Centre. Hier hat man sich ebenso wie im nur ein paar Gehminuten entfernten FACT-Center, der „Foundation for Art and Creative Technology", auf **Gegenwartskunst** spezialisiert. Der fühlt sich auch die Open Eye Gallery verpflichtet, die moderne Fotografie aus aller Welt zeigt und hin und wieder Diskussionen und Treffen mit den Künstlern organisiert.

Wer alle Museen und Kunstinstitutionen Liverpools in Ruhe begutachten wollte, wäre mehr als eine ganze Woche unterwegs – in den **National Museums of Liverpool (NML)**, die gleich an mehreren Orten Englands größte Sammlung von Kunst und Geschichte präsentieren, sogar zum Nulltarif (s. u.): Im kleinen, aber feinen National Conservation Center lassen sich Englands Archäologen bei ihrer Arbeit gern über die Schulter schauen, können Kinder Teile zerbrochener Vasen in nachmittäglichen Workshops wieder zusammensetzen. Wer alte Gemälde liebt, ist in der Walker Art Gallery gut aufgehoben. Gleich nebenan findet sich das World Museum Liverpool, das nach seiner umgerechnet gut 50 Millionen Euro teuren Renovierung inzwischen als eine der ersten britischen Museumsadressen gilt. Etwas vom alten Geist des viktorianischen Zeitalters lebt im Sudley House, wo Meisterwerke von Gainsborough und Turner zu sehen sind – und in der auf der anderen Seite des Mersey gelegenen Lady Lever Art Gallery, der eindrucksvollen Kunstsammlung William Hesketh Levers, der mit der Herstellung von Seifen reich wurde.

Einer der meistbesuchten Musentempel freilich ist **Tate Liverpool im Albert Dock**, wo man sich vorwiegend moderner und modernster Kunst verpflichtet fühlt. Lokale Künstler sind in der Liverpool Academy of Arts gut aufgehoben, die jedes Jahr zudem eine Ausstellung zu Ehren der Beatles organisiert. Alle zwei Jahre, das nächste Mal 2008, ist die Stadt Schauplatz der **Liverpool Biennial**, Großbritanniens größtem Festival visueller Gegenwartskunst. Von Mitte September bis Mitte November zeigen dann – auch weltbekannte – Künstler an über 40 kreuz und quer über die Stadt verteilten Ausstellungsorten ihre Werke.

Neue Kulturstiftungen und private Kunsthäuser sind in den letzten Jahren zum sichtbaren Beweis für die Lebendigkeit des künstlerischen Schaffens am Mersey geworden. „A Foundation" heißt eines der aktuellen Projekte im alten Hafengebiet, wo in ehemaligen Industrieanlagen neue, große Ausstellungsflächen entstanden sind. Weitere Projekte sind geplant, die inzwischen auch auf dem Arbeitsmarkt Wirkung zeigen. Viele Künstler verdienen sich inzwischen als Aufseher oder in anderer Funktion hinter den Kulissen der großen und kleinen Musentempel ein Zubrot, das ihnen ein künstlerisches Überleben in der Kulturstadt Liverpool sichert.

NATIONAL MUSEUMS OF LIVERPOOL

National Museums of Liverpool ist die einzige große britische Museumsgruppe außerhalb Londons. Sie besteht zurzeit aus acht kulturellen Einrichtungen in Merseyside. Sämtliche Ausstellungen sind täglich von 10–17 Uhr geöffnet, der Eintritt ist frei. Der gemeinsame Internetauftritt aller Museen, teilweise auch in deutscher Sprache, gehört zu den besten Webseiten der Welt. Ein Teil der Ausstellungsstücke, vor allem Gemälde aus der Walker Art Gallery oder dem Sudley House, kann man in Ruhe zu Hause online ansehen und dann gezielt vor Ort besichtigen.

› www.liverpoolmuseums.org.uk

75 [I12] **HM Customs & Excise, International Slavery Museum, Merseyside Maritime Museum,** Albert Dock, Liverpool L3 4AQ, Bahnstation: James Street, Busstation: Paradise Street Terminal, www.internationalslaverymuseum.org.uk, www.customsandexcisemuseum.org.uk, Tel. 0151 4784499. Drei Museen unter einem Dach! So erzählt das **HM Customs & Excise National Museum** im Erdgeschoss von Schmugglern, Zöllnern und Einwanderern. Von Steuern und Abgaben, die den größten Teil der britischen Staatseinnahmen ausmachen. Plakate und Filme illustrieren das Thema.
Das im August 2007 eröffnete **International Slavery Museum** ist der Geschichte der Sklaverei gewidmet, die Liverpools Reeder einst reich machte. So zeigen Gemälde, Fotos und Videofilme unterdrückte Farbige und weiße Herrscher. Nachbauten von Sklavensiedlungen führen in die Lebenswelten von damals. Auf der anderen Seite machen Musikfilme deutlich, wie sich die Farbigen in weiten Teilen der weißen Gesellschaft emanzipiert haben.
Die maritime Vergangenheit der Stadt wird im **Merseyside Maritime Museum** lebendig. Besonders eindrucksvoll sind die gewaltigen Schiffsmodelle, maßstabsgerechte Nachbauten der Titanic oder des deutschen U-Bootes Tirpitz. Ölgemälde zeigen das Hafenleben im 18. und 19. Jahrhundert, alte Nachrichtenfilme dokumentieren die Schlachten im Atlantik, die sich Deutsche und Briten im Krieg lieferten.

76 [H23] **Lady Lever Art Gallery,** Lower Road, Port Sunlight Village, Windy Bank, Wirral CH62 5EQ, Bahnstation: Bebington oder Port Sunlight, Busstation: Bebington Road, Tel. 0151 4784136, www.ladyleverartgallery.org.uk. Englische Gemälde des 18. und 19. Jahrhunderts, Möbel, Skulpturen und altes Porzellan zeigt die Galerie auf der anderen Seite des Mersey. Das Kunstmuseum ist Teil einer Arbeitersiedlung auf der Liverpool gegenüber liegenden Halbinsel Wirral. Es spiegelt den Geschmack

▶ *Fotowand im Sklavenmuseum von Liverpool*

025lp Abb.: gs

Lord Leverhulmes, der in den 1880er-Jahren begann, Kunst zu sammeln. Zu den Schmuckstücken der Galerie gehören eine Wedgwood-Porzellan-Kollektion, griechische Vasen und römische Skulpturen.

77 [K10] **National Conservation Center,** Whitechapel, Liverpool L1 6HZ, Bahnstation: Lime Street Station, Busstation: Queen Square, Tel. 0151 2070001, www.nationalconservationcentre.org.uk. Wie man römische Scherben zu einer Vase zusammensetzt oder ägyptische Mumien fachmännisch unter die Lupe nimmt, ohne sie zu berühren – das und vieles mehr lässt sich im kleinen, aber feinen Museumsbau im Herzen der City verfolgen. Hier können Besucher den Archäologen und Präparatoren hinter Glasscheiben bei der Arbeit zusehen. Regelmäßige Sonderausstellungen gehören zum Angebot, ebenso ein gut sortierter Museumsshop und das „Café Eros", in dem man zwischen klassischen Skulpturen seinen Tee oder Kaffee trinken kann.

78 [V18] **Sudley House,** Mossley Hill Road, Aigburth, Liverpool L18 8BX, Bahnstation: Mossley Hill, Busstation: Elmswood Road, Tel. 0151 7243245, www.sudleyhouse.org.uk. Hier fühlt man sich in die letzten Jahrzehnte des 19. Jahrhunderts zurückversetzt, als der Schiffseigner George Holt noch im Sudley House wohnte. Seine einzige Tochter vermachte es schließlich, da sie kinderlos blieb, 1944 der Stadt Liverpool. Seitdem hat sich die Einrichtung nur wenig verändert, gibt das Museum einen guten Einblick in die Welt der Liverpooler Oberschicht. Die Gemälde, Möbel und anderen Ausstattungsgegenstände sind eigentlich nur der Rahmen eines Gesamtkunstwerks: Großbritanniens einzige viktorianische Kunstsammlung eines Großkaufmanns, die noch an ihrem angestammten Platz zu finden ist.

11 [L9] **Walker Art Gallery,** William Brown Street, Liverpool L3 8EL, Bahnstation: Lime Street Station, Busstation: Queen Square, www.thewalker.org.uk, Tel.

0151 4784199. Großbritanniens älteste öffentliche Kunstgalerie zeigt europäische Malerei und Skulpturen von Weltrang, Kunst vom 14.-20. Jahrhundert: Rubens, Rembrandt, Degas ...

⓾ [K9] **World Museum Liverpool,** William Brown Street, Liverpool L3 8EN, Bahnstation: Lime Street Station, Busstation: Queen Square, Tel. 0151 4784393, www.worldmuseumliverpool.org.uk. Hier kann man leicht einen ganzen Tag verbringen, denn das Motto des Museums lautet „Vom Ozean zu den Sternen". Neben einem Aquarium und einem Planetarium begeistern vor allem Liverpools botanische, zoologische und archäologische Sammlungen.

WEITERE MUSEEN

79 [K9] **Central Library and Records Office,** William Brown Street, Liverpool L3 8EW, www.liverpool.gov.uk, Tel. 0151 2335829, Mo.-Fr. 9-18 Uhr, Sa. 9-17 Uhr, So. 12-16 Uhr, Eintritt frei. Liverpools Zentralbibliothek glänzt mit einem prächtigen Lesesaal, dem Picton Reading Room. Zu den Schätzen in der William Brown Street gehören mittelalterliche Handschriften, seltene Zeichnungen und Drucke, Banknoten aus dem späten 18. Jahrhundert und James Audubons berühmtes Buch über Amerikas Vogelwelt. Auch die Fotosammlung der Bibliothek kann sich sehen lassen.

80 [I12] **Tate Liverpool,** Albert Dock, Liverpool L3 4BB, Tel. 0151 7027400, www.tate.org.uk, tgl. 10-17.50 Uhr (letzter Do. im Monat bis 21 Uhr), Sept.-Mai Mo. geschlossen, Eintritt frei (gilt nicht für Sonderausstellungen), kostenlose Führungen. Tate Liverpool gilt inzwischen als wichtigstes Zentrum moderner Kunst im Norden Englands, ein Anspruch, den bislang mehr als elf Millionen Besucher unterstrichen haben. Degas, Picasso, Mondrian, Matisse, Segal, Warhol, Oldenburg, Lichtenstein, Spoerri, Dubuffet - sie alle sind mit Arbeiten hier vertreten. Das lichtdurchflutete Museumscafé gilt als beliebter Treffpunkt unter Albert-Dock-Bummlern. Groß ist auch das Angebot im neu gestalteten Museumsshop.

❷ [I12] **The Beatles Story,** Albert Dock, www.beatlesstory.com, Tel. 0151 7091963, tgl. 10-18 Uhr (letzter Einlass: 17 Uhr), Eintritt: Erwachsene 12,50 £, Kinder (5-16 Jahre) 6,50 £, Studenten, Senioren 8,50 £, Familienkarte ab 32 £. Die ersten Wirkungsstätten der Beatles wie der Cashbah Coffee Club oder Teile des Hamburger Star Clubs finden sich in der Ausstellung originalgetreu rekonstruiert. Zu den weiteren Sehenswürdigkeiten gehören George Harrisons erste Gitarre, John Lennons weißes Klavier und von den Beatles getragene Anzüge.

81 [I11] **Underwater Street,** Cunard Building, Water Street, Pier Head, Liverpool L3 1DS, www.underwaterstreet.com, Tel. 0151 2272550, tgl.10-18 Uhr, Eintritt: 1,95-5,95 £. Das vor allem für Kinder gedachte Erlebnismuseum vereint Bildung und Spaß - wie etwa beim Bau von Papierflugzeugen. Beim Spiel mit Holzbauklötzen lernen die Jüngsten die Gesetze der Statik. Das Museum ist geeignet für Kinder zwischen 2 und 10 Jahren.

82 [N11] **University of Liverpool Art Gallery,** 6 Abercromby Square, Liverpool L69 7WY, www.liv.ac.uk, Tel. 0151 7942348, Mo.-Fr. 12-16 Uhr, Eintritt frei. Neue Ausstellungshalle im Victoria Building, das für umgerechnet mehr als 10 Millionen Euro derzeit kunstgerecht hergerichtet wird. Ab Ende 2008 werden sich die Gemälde von William Turner oder dem amerikanischen Tiermaler James Audubon in neuer Umgebung präsentieren - zusammen mit vielen anderen Ausstellungsstücken, die bislang noch nie öffentlich gezeigt wurden.

GALERIEN UND KUNSTZENTREN

026lp Abb.: gs

▶ *Der Kinderspielraum der Walker Art Gallery*

83 [K11] **Bluecoat Arts Centre,** School Lane, Liverpool L1 3BX, Tel. 0151 7095297, www.bluecoatartscentre.com, tgl. 12.30–22.30 Uhr, Eintritt frei (gilt nicht für Sonderausstellungen). Das neu gestylte Kunstzentrum findet sich in einem eleganten Herrenhaus, das 1717 ein Schiffskapitän für sich und seine Familie erbauen ließ. Es gilt als das älteste noch erhaltene Innenstadtgebäude. Moderner Tanz und Malerei sind hier ebenso zu Hause wie andere Formen zeitgenössischer Kunst. Galerien, Restaurant, Bar und Café stehen Stadtbummlern fast immer offen.

84 [L11] **FACT (Foundation for Art and Creative Technology),** 88 Wood Street, Liverpool L1 4DQ, Tel. 0151 7074444, www.fact.co.uk, Mo.–Sa. 11–23 Uhr, So. 11–22.30 Uhr. Die Kunst- und Technologie-Stiftung hat sich der Kultur im digitalen Zeitalter verschrieben. In dem rund 20 Millionen Euro teuren Prestigeobjekt finden sich drei Lichtspieltheater, die sowohl künstlerisch ausgefallene Filme als auch Kassenschlager zeigen. Die beiden Galerien im FACT präsentieren aktuelle Werke international renommierter Film- und Videokünstler. Die sogenannte Media-Lounge ist computergenerierter Kunst und Videoproduktionen vorbehalten. Café und Bar laden ein zu kunstsinnigen Gesprächen.

85 [K11] **Liverpool Academy of Arts (LAA),** 36 Seel Street, Liverpool L1 4 BE, Tel. 0151 7090735, www.la-art.co.uk. Die Anfänge der LAA reichen zurück in das Jahr 1763, als man sich erstmals der Kunstförderung verschrieben hatte. Heute residiert die kleine Galerie im ersten Stock eines alten, fensterlosen Fabrikgebäudes und präsentiert vorwiegend lokale Künstler. Diese haben hier die Chance, zwei Wochen lang ihre Werke auszustellen und zu einem Kommissionspreis von nur 20 % auch zu verkaufen. Jeden Sommer gibt es eine Ausstellung, die ausschließlich Bilder und Objekte mit thematischem Bezug zu den Beatles zeigt.

86 [K11] **Open Eye Gallery,** 28–32 Wood Street, Liverpool L1 4AQ, Tel. 0151 7099460, www.openeye.org.uk, Di.–Sa. 10.30–17.30 Uhr. Moderne Medienkunst und Fotografie hat sich die renommierte Galerie auf ihre Fahnen geschrieben, die jährlich ein halbes Dutzend Ausstellungen organisiert. 2009 wird die Galerie ans Mersey-Ufer ziehen und zwischen Pier Head und Albert Dock ihre (neuen) Zelte aufschlagen.

027lp Abb.: gs

6 LIVERPOOL ZUM TRÄUMEN UND ENTSPANNEN

Über 2500 Hektar Parkgelände schmücken die Stadt: Parks, Gärten und Landsitze – Anlagen, die früher zu einem Großteil in Privatbesitz waren. Ein paar Grünflächen finden sich direkt im Stadtzentrum, die meisten aber ein paar Busminuten außerhalb der City. Liverpools grüne Lungen sind noch heute vor allem im Sommer beliebte Plätze zum Träumen und Entspannen.

Schon 1767 wurde Liverpools erster öffentlicher Park mit dem „Mount Zion" geschaffen, wo heute die anglikanische Kathedrale ⓯ steht. Das Herz des Parks war ein Rundweg mit Blick auf den Mersey, eine Oase der Ruhe weit weg vom damals geschäftigen Hafenviertel. Im frühen 19. Jahrhundert forcierten Privatleute die Errichtung weiterer Grünanlagen. Aber erst in der zweiten Hälfte des 19. Jahrhunderts wurden die großen viktorianischen Parks errichtet, die Liverpool bis heute prägen. Mit dem **Wavertree Playground** und anderen Grünflächen kamen dank großzügiger Grundstücksschenkungen und Stiftungen neue Flächen hinzu.

Ein großer Garten umgibt auch **Speke Hall**, eines der beliebtesten Ausflugsziele vor den Toren der Innenstadt. Im Mittelpunkt des Areals, zu dem auch eine Farm gehört, steht ein anno 1530 erbautes Tudor-Haus mit reich dekoriertem Fachwerk. Einige Zimmer sind noch wie damals üblich möbliert, in anderen überwiegt der viktorianische Stil.

Ein altes Herrenhaus dominiert auch eine andere Liverpooler Ausflugsstätte, **Croxteth Hall and Country Park,** knapp zehn Kilometer vom Stadtzentrum entfernt. Ein riesiges Gelände mit Bäumen, Flüssen, Teichen, Gärten und Wiesen, das jährlich Zehntausende von Besuchern anlockt. Für sie organisiert die Gartenverwaltung Jahr für Jahr ein buntes Sommerprogramm: Musik- und Tanzveranstaltungen, aber auch Seminare, in denen man die Natur besser kennenlernen kann. Croxteth Hall and Country Park waren einst im Besitz der Grafen von Sefton, die hier vom 16. Jahrhundert an zu Hause waren. Nach dem Tod des letzten Grafen wurden Gebäude und Gelände 1972 der Stadt vermacht.

Noch immer ein Blickfang dieser Anlage ist die *Historic Hall,* ein großes Landhaus aus edwardianischer Zeit. Mittwochs- und sonntagmittags führen Spezialisten in zeitgenössischen Kostümen durch die historischen Gemäuer, hin und wieder finden kleine Kammerkonzerte statt. Kinder fühlen sich auf der Farm des Parks wohler, wo es Lämmchen, Ziegen, Pferde und andere Tiere zum Anfassen gibt. Herzstück des Parks sind jedoch die riesigen Garten- und Wiesenanlagen.

Wie Croxteth stehen die meisten der alten Grünanlagen heute unter Denkmalschutz. Auch der 108 Hektar große **Sefton Park**, den ein Liverpooler Architekt zusammen mit einem Pariser Gartengestalter entwarf. Als „Liverpools Hyde Park“ spielte er damals auf sein Londoner Vorbild an, war er doch ebenfalls mit künstlichen Wasserspeiern und Denkmälern ausgestattet. 1896 schenkte ein reicher Bürger dem Sefton Park ein mit vielen exotischen Pflanzen ausgestattetes Palmenhaus. Im Zweiten Weltkrieg verlor dasselbe bei einem Bombenabwurf seine Verglasung, die aber schon bald erneuert wurde. In den 80er-Jahren des letzten Jahrhunderts aber verfiel die Anlage, bis sie schließlich ganz geschlossen wurde. Erst 2001 wurde das Palmenhaus nach gründlicher Renovierung wieder für den Publikumsverkehr geöffnet.

Sehenswert ist auch der 1870 eröffnete **Stanley Park**, auch er eine viktorianische Gartenlandschaft vom Feinsten. Gefahr droht der Gegend allerdings von den Expansionsplänen des Liverpool FC, der hier sein neues Fußballstadion errichten wird. Zurzeit wird der Park neu gestaltet und mit Videokameras ausgestattet, welche die Sicherheit erhöhen sollen. Wichtigste Sehenswürdigkeit des Parks ist das sogenannte Gladstone Conservatory, das vom gleichen Architekten wie das berühmte Palmenhaus im Sefton Park stammt.

Zu den wenigen grünen Oasen direkt in der City gehört **St. John's Garden** gleich hinter St. George's Hall ❾, nur einen Katzensprung neben den geschäftigen Einkaufszentren. „Peace Garden“ nennen ihn die Einheimischen deswegen – ein Ort des Friedens und der Ruhe mitten in einer hektischen Umgebung. Die 1904 eröffnete Anlage gehört zudem wegen ihrer vielen Denkmäler zu den Orten von größtem historischen und architektonischen Interesse. Seinen Namen verdankt der Freizeitgarten übrigens der Johanneskirche, die bis 1887 hier stand.

◄ *Auf ins Vergnügen: Wasserspiele im Sefton Park*

Mit **St. Nicholas Church Gardens** gegenüber dem weltbekannten Liver Building findet sich ein zweiter kleiner Park ebenfalls fast mitten in der City. Viele Liverpudlians nutzen ihn vor allem im Sommer zur Mittagspause und genießen den Blick auf den Mersey. Auch dieser Park diente wie St. John's Garden einst als Friedhof. Die namensgebende Nikolaus- und Marienkirche *(Church of Our Lady and Saint Nicholas)* am Parkrand ist Liverpools ältestes Gotteshaus, das mehrfach zerstört und immer wieder aufgebaut wurde. Seit dem Jahr 1257, heißt es, wurden hier Gottesdienste gefeiert, war die dem Patron der Seefahrer, dem heiligen Nikolaus, gewidmete Kirche Liverpools wichtigstes Gotteshaus. Im Jahr 1810 krachte der Kirchturm während eines Gottesdienstes ein und erschlug 25 Menschen. Schweren Schaden erlitt die Kirche auch im Zweiten Weltkrieg, an den ein kleines Denkmal vor dem Kirchturm mahnt. Seit 1952 aber steht sie wieder für Gottesdienste zur Verfügung.

Generelle **Informationen** zu Liverpools Parks und Grünanlagen findet man online unter:

› www.liverpool.gov.uk/Leisure_and_culture/Parks_and_recreation/

•87 [a1] **Croxteth Hall and Country Park,** Muirhead Avenue, Liverpool L12 0HB, Tel. 0151 2336910, www.croxteth.co.uk, Park: Sommer 7–19 Uhr, Winter 7–17 Uhr (Eintritt frei), Halle, Farm und Garten: April–September 10.30–17 Uhr (letzter Einlass 16.30 Uhr), Eintritt: 4,50 £ (Kinder 2,40 £, Familien 11 £)

•88 [S16] **Sefton Park and Palmhouse,** Liverpool L17 1AP, Tel. 0151 7262415, www.palmhouse.org.uk, Park: 24 Stunden täglich (Eintritt frei), Palmenhaus: November–März tgl. 10.30–16 Uhr, April–Oktober 10.30–17 Uhr, Bahnstation: Aigburth

› **Speke Hall,** The Walk, Liverpool L 24 1XD, www.nationaltrust.org.uk, Tel. 0151 4277231, März–Oktober Mi.–So. 13–17.30 Uhr, November–Februar Sa.–So. 13.00–16.30 Uhr, Eintritt: 6,70 £ (Kinder: 3,70 £, Familien: 20,50 £), Anreise: Bus 80, 82, 180 ab City Center, Bahnstation: Liverpool South Parkway oder Hunts Cross

•90 [O3] **Stanley Park.** Immer zugänglicher Park nahe der Anfield Road. Zurzeit wird die Gartenanlage großzügig renoviert. Historisch interessant ist das Gelände, weil hier die ersten Fußballer Liverpools kickten, die schließlich den Everton FC gründeten.

•91 [K10] **St. John's Garden.** Immer zugängliche Parkanlage hinter der St.George's Hall mit Gedenksteinen und Plaketten, die an Kriegshelden, aber auch an John Lennon und George Harrison erinnern.

•92 [I10] **St. Nicholas Church Gardens.** Nur tagsüber geöffneter Minipark gegenüber dem Liver Building.

•93 [U13] **Wavertree Playground,** Wellington Road, Bahnstation: Wavertree Technology Park. Botanische Anlage, die allerdings etwas in die Jahre gekommen ist. Hin und wieder Schauplatz von Folkfestivals und anderen Freiluftveranstaltungen.

► *Der Liver Bird: Liverpools Wappentier*

028lp Abb.: gs

EUROPÄISCHE KULTURHAUPTSTADT 2008

Für Liverpool ist die Auszeichnung als Kulturhauptstadt Bestätigung einer konsequenten Politik. Ein Etikett, das weltweite Aufmerksamkeit garantiert. Ein Markenname aber auch, der verpflichtet. Mit vielen hundert Veranstaltungen – von der spontanen Kunstaktion bis zur renommierten Bilderschau, vom Szenekonzert bis zum großen Event – will Liverpool zwölf Monate lang Besucher anlocken und unterhalten.

Die meiste Arbeit bringt das Kulturjahr dem Philharmonischen Orchester der Stadt, das sich mit der Aufführung von Neukompositionen ebenso präsentieren wird wie mit Werken Mahlers und Schuberts. Besonders froh ist man in Liverpool, dass mit **Sir Simon Rattle** einer der größten Söhne der Stadt wieder ans Dirigentenpult zurückkehrt. Im September kommt der gebürtige Liverpooler mit den Berliner Philharmonikern, einen Monat später schwingt er mit dem Philharmonischen Orchester Liverpools, wo er seine musikalische Karriere begann, wieder einmal den Taktstock.

Das Feine vom Feinsten zeigen auch Galerien, Kirchen und Museen. So zeigt Tate Liverpool 5 im Mai unter dem Titel „Painting, Design and Modern Life in Vienna 1900" erstmals in Großbritannien das Werk des Jugendstil-Malers Gustav Klimt. Die Lady Lever Art Gallery 5 auf der anderen Seite des Mersey-Flusses stellt von Juli bis Oktober Bilder des französischen Malers James Tissot aus, der sich im 19. Jahrhundert auf Porträts eleganter Damen aus London und Paris spezialisiert hatte.

Am 20. September 2008 startet mit der **Bienniale** die nur alle zwei Jahre stattfindende **größte Kulturschau Liverpools**, die überall in der Stadt zeitgenössische Kunst präsentieren wird.

Und im Oktober schließlich steigt in der Krypta der katholischen Kathedrale ⓳ einer der Höhepunkte des Kulturjahres: eine große internationale Ausstellung unter dem Titel „Le Corbusier – Die Kunst der Architektur". Die bis Februar 2009 gezeigte Werkschau würdigt den Künstler jedoch nicht nur als Architekten, sondern auch als Maler, Möbeldesigner, Textilgestalter und Zeichner.

Breit auch ist das **Theaterangebot** zum Kulturjahr. So haben die englischen Schultheater aus diesem Anlass das Finale ihres Shakespeare-Wettbewerbs an den Mersey verlegt. Anton Tschechows „Drei Schwestern" hat sich das Liverpooler Everyman Theatre [4] vorgenommen, das sein Stück aber in einer jüdischen Gemeinde im Liverpool der Nachkriegszeit statt in Russland ansiedeln wird. Lokale Themen umtreibt auch das Playhouse Theatre [4]: Es will die Geschichte des Adelphi [7] als Musical in Szene setzen, des traditionsreichsten Liverpooler Hotels, in dem einst die Großen der Welt Station machten.

Gänzlich um Musik geht es in einer Ausstellung von Juli 2008 bis Mai 2009, in dem sich die Kapitale der Popmusik im World Museum Liverpool ⓾ feiern lässt. **„The Beat goes on"** heißt die Schau, die den Einfluss Liverpools auf die Musik der Welt unter die Lupe nimmt. Auch **Paul McCartney** wird seinen Teil zum Kulturjahr beitragen. Er ist am 1. Juni Headliner eines großen Konzertes an der Anfield Road ㉓, das weltweit im Fernsehen übertragen werden wird.

„Cities on the edge" ist ein mehrjähriges Kunstprojekt, an dem sich mit Marseille, Bremen, Neapel, Danzig, Istanbul und Stavanger weitere europäische Hafenstädte beteiligen, deren Bürger mit denen Liverpools die Liebe zum Fußball, die Skepsis gegenüber allen autoritären Strukturen und einen speziellen Humor teilen. So werden diese Metropolen nicht nur Literaten und andere Künstler austauschen, sondern auch Schauspiele und Operninszenierungen.

Die größten Besucherscharen – die Organisatoren rechnen mit bis zu einer Million Schaulustiger – werden im Juli zum **Maritime Festival** erwartet. Mehr als hundert große Segler und Super-Jachten werden dann auf dem Mersey unterwegs sein und sich bei den *Tall Ship Races* packende Rennen liefern.

Liverpools Kulturjahr aber richtet sich nicht nur an fremde Besucher, schließlich gelten die **Liverpudlians** als ein besonders kulturinteressiertes Völkchen. Während allgemein nur 59 % der Briten Interesse an einem Museumsbesuch zeigen, sind es in Liverpool rund 67 % Prozent. Für sie sollen 2008 alte Volkstänze gelehrt und aufgeführt werden. Und zu Halloween ist jeder dazu eingeladen, zusammen mit Spezialisten Laternen zu basteln, die in einem großen Umzug öffentlich präsentiert werden sollen.

› **Weitere Informationen:** Tel. 0151 2332008, www.liverpool08.com

AM PULS DER STADT

003lp Abb.: gs

029lp Abb.: gs

Liverpool gehört zu den britischen Städten, die nach Jahren des wirtschaftlichen Abstiegs jetzt mit Macht nach oben wollen. Umgerechnet viele Milliarden Euro wurden in den letzten Jahren in die Stadtentwicklung investiert, in neue Museen, Theater und Einkaufszentren, vor allem aber in die Neugestaltung des maritimen Erbes. Dieses Kapitel berichtet vom Wandel der Stadt, vom Weg Liverpools in die Moderne.

DAS ANTLITZ DER METROPOLE

Fast unbemerkt von der Öffentlichkeit, die Liverpool schon weitgehend abgeschrieben hatte, hat sich die graue Hafenstadt am Mersey zur bunten Kulturmetropole gemausert. Aus dem einstigen Armenhaus im englischen Nordwesten ist eine Stadt mit Perspektiven geworden. Dieser Aufschwung zeigt sich auch im Stadtbild. So dominieren mittlerweile Hochhäuser und moderne Bürobauten die Uferfront und in der Stadt schießen überall neue Geschäfte und Läden aus dem Boden.

EINE STADT IM UMBRUCH

Grenzenlos ist der **Optimismus**, dem sich die politischen und wirtschaftlichen Lenker der Region Merseyside dieser Tage hingeben. Selbst die Durchschnittsgeschwindigkeit der Autos, die auf Liverpools Straßen deutlich schneller als in den meisten Großstädten Englands unterwegs sind, wird inzwischen als Zeichen des Fortschritts gesehen und in den Hochglanzbroschüren der Wirtschaft als Investitionsvorteil gewertet. Nach

Jahrzehnten des Niedergangs, nach politischen Querelen ohne Beispiel, gesellschaftsbedrohender Arbeitslosigkeit und einer Hiobsbotschaft nach der anderen, die den Ruf Liverpools weltweit ruinierten, ist die Stadt auf dem Weg nach vorn.

Kommunale und private Entwicklungsgesellschaften, beseelt von Zuschüssen der Europäischen Union, treiben inzwischen eine Reihe **ehrgeiziger Millionenprojekte** voran, an deren Ende Liverpool im neuen Glanz erstrahlen soll. Zwar wird man zur Megakapitale London nie aufschließen können, aber der Status als Großbritanniens Nummer zwei oder drei wäre auch schon ein Achtungserfolg.

Liverpool ist heute nicht mehr die Hafen- und Arbeiterstadt von einst, die fast unregierbare Kommune, deren aufsässige Bewohner immer wieder blutige Krawalle anzettelten. Merseyside ist auch nicht mehr die Region, der Zehntausende mangels Arbeit und Perspektiven den Rücken kehrten. Inzwischen registrieren nicht nur die Statistiker, dass **mehr und mehr Menschen wieder Richtung Liverpool zuwandern.** Auch wenn das jährliche Durchschnittseinkommen in Merseyside noch immer unter dem britischen Durchschnitt liegt, glauben sie an die Zukunft der Region.

Geschichte sind die oft monatelangen Streiks, die das öffentliche Leben immer wieder lähmten; vorbei die aus Irland überschwappenden blutigen Glaubenskämpfe zwischen Katholiken und Protestanten, Vergangenheit auch die Rassenunruhen, die noch Anfang der 1980er-Jahre England erschütterten. Das neue Liverpool ist eine Kapitale der Kunst, Kultur und Wissenschaft – und inzwischen auch eine der größten britischen Universitätsstädte: **50.000 Studenten** geben der Stadt ein junges Gesicht.

Umgerechnet viele Hundert Millionen Euro Fördermittel, Spenden und öffentliche Gelder hat man in die Renovierung großer Museen wie dem World Museum of Liverpool ⑩ oder der St. George's Hall ⑨ gesteckt oder in die Neugestaltung der Dockanlagen. Anno 2010 hofft man, das neue **Museum of Liverpool Life** in Betrieb nehmen zu können, einen spektakulären Neubau zwischen Albert Dock ① und Pier Head ③, der künftig die Geschichte der Stadt erzählen soll. Interaktiv und ausgestattet mit allem, was moderne Technik und Museumspädagogik heute hergeben. Die Planer dieses Musentempels der Superlative rechnen mit 750.000 Besuchern jährlich – und 75.000 Schulkindern, die dort Liverpools Geschichte und die berühmtesten Söhne und Töchter der Stadt kennenlernen sollen: Schauspieler wie Rita Tushingham, Philip Olivier oder Rupert Davies, der als Kommissar Maigret populär wurde, oder Sir Simon Rattle, der als Dirigent weltweit Anerkennung erntete. Und natürlich gilt es, an Liverpools Hit-Lieferanten zu erinnern, an Gruppen wie The Searchers, Gerry and The Pacemakers, Supercharge, Frankie Goes to Hollywood, Orchestral Manoevres in The Dark oder Atomic Kidden, an Solisten wie Frankie Vaughan, Cilla Black, Billy Fury oder Melanie C. Vor allem aber auch an John, Paul, George und Ringo, die vier Apostel Liverpools, die unter der Marke „The Beatles" den Mersey-Sound in aller Welt bekannt machten.

◀ *Vom Radioturm hat man einen tollen Blick auf die Stadt*

Aber auch an große **Erfindungen und Innovationen,** die in Liverpool ihren Ursprung hatten, gilt es zu erinnern: an den ersten fahrplanmäßigen Passagierverkehr über den Atlantik, das erste wirksame Medikament gegen die Malaria oder die erste Bank, die 1960 einen Computer nutzte. Nicht zuletzt auch an den ersten Schuss im amerikanischen Bürgerkrieg, der am 12. April 1861 aus einer am Mersey gefertigten Waffe abgegeben wurde.

TOURISMUS ALS JOBMOTOR

Mit dem Bau des gerade fertiggestellten Konferenzzentrums und der gut 10.000 Plätze umfassenden angrenzenden Mehrzweck-Arena gleich neben dem Albert Dock ❶ verfügt die Stadt nun über eine der modernsten und schönstgelegenen Tagungsstätten Europas, dazu über eine Konzerthalle von Weltrang. Für die Stadt waren das die wichtigsten Voraussetzungen, um künftig mit anderen Städten touristisch mithalten zu können. Denn längst ist der **Tourismus zu einem der wichtigsten Wachstumsmotoren** in Englands Nordwesten geworden. 40.000 Arbeitsplätze in der Region hängen schon jetzt von ihm ab, bis zu 30.000 weitere sollen dazukommen. Bis zum Jahr 2013 will man die Einnahmen aus dem Tourismus von jetzt schon einer Milliarde Pfund noch einmal verdoppeln.

Dieses Wachstum spiegeln große und feine Herbergen überall in der Stadt. Radisson, Hilton, Crown Plaza, Mariott ... die großen Hotelkonzerne setzen auf die Stadt am Mersey. Aber auch von kleineren Unternehmen oder Privatleuten geführte, sogenannte Themen- oder Boutique-Hotels finden sich immer häufiger, z. B. das neue Hard Days Night Hotel [9] am Eingang zum Cavern Quarter, das den alten Beatles-Mythos neu kultiviert, oder das Parrstreethotel [9] Gary Millars, der die berühmten Parr Street Studios, in denen Barry Manilow, Diana Ross, Coldplay, Take That und andere einst ihre Platten aufnahmen, für Übernachtungsgäste geöffnet hat. Hinzu kommen die teuren Lifestyle-Hotels rund um die Hope Street [M12], die ihre Bettenkapazitäten in den letzten Monaten deutlich erweitert haben.

Millionenschwere Glaspaläste, für deren Gestaltung sich Stararchitekten wie der Amerikaner Cesar Pelli verantwortlich zeichnen, bestimmen heute mehr und mehr das Bild der Stadt. Doch das aktuelle **Facelifting ist umstritten.** Manche fürchten, die **Stadt könnte ihre Identität verlieren,** sich künftig einreihen in die Metropolen des Big Business, deren Boutiquen und kulinarischen Tempel sich allesamt ähneln.

Trotz dieser Bedenken wird weiter gebaut, Altes abgerissen und Neues hinzugefügt. Liverpool-Besucher werden sich noch geraume Zeit auf Baustellen und andere Unannehmlichkeiten einrichten müssen. Liverpool ist eine Metropole im Umbruch, eine Stadt im Wandel. Auch das groß gefeierte europäische Kulturjahr 2008 wird nur ein Jahr des Übergangs werden. Ein Jahr allerdings, das einen neuen Besucherrekord verspricht.

► *In der Townhall befindet sich das Wandfresko zur Stadtgründung*

VON DEN ANFÄNGEN BIS ZUR GEGENWART

Als schlammiger Pfuhl machte „Liuerpol" erstmals von sich reden, eine von mehreren Siedlungen in Englands Nordwesten. „Liuerpol" war der Name für eine Ausbuchtung des Flusses Mersey, an dessen Ufer ein paar Familien siedelten. Keiner freilich konnte damals ahnen, dass aus der mittelalterlichen Siedlung einmal Englands wichtigste Hafenstadt werden sollte, Europas größtes Tor zur neuen Welt.

DER AUFSTIEG ZUR HANDELSMETROPOLE

Ungefähr dort, wo Liverpools Polizei heute ihr Hauptquartier hat, gleich gegenüber dem Albert Dock, siedelten die ersten Liverpudlians. Der erste, der diese Lage richtig zu schätzen wusste, war König Johann (reg. 1199–1216). „Johann Ohneland" nannte man ihn auch, weil er einen Großteil des englischen Besitzes in Frankreich nach dort verlorenen Schlachten abtreten musste. Anfang des 13. Jahrhunderts suchte der in Oxford geborene Sohn Heinrichs II. nach einem sicheren Stützpunkt für seine in Wales und Irland operierenden Truppen. Am 28. August 1207 legte er mit einer **Charta** offiziell den Grundstein zur Gründung der Stadt. (Diesen Akt verherrlicht ein Wandfresko in der Eingangshalle des Rathauses noch heute.) Sieben Straßen wurden angelegt – und eine Burg errichtet, die anno 1726 im Rahmen der Stadterweiterung abgerissen wurde.

Jahrhundertelang lebten die Menschen in der kleinen Siedlung vom Fischfang, dem Handwerk und der Landwirtschaft. **Nicht mehr als ein Marktflecken** war die Stadt, die mit Birkenhead auf der anderen Seite des

Mersey mit einer Fähre verbunden war. Kleine Schiffe, die je nach Wasserstand und Wetterlage verkehrten. Seuchen wie die Pest setzten den wenigen Hundert Bewohnern Liverpools immer wieder schwer zu. Zudem ächzten die Liverpudlians unter der Last finanzieller Abgaben. Als „arme, heruntergekommene Stadt Ihrer Majestät" baten sie 1571 Königin Elisabeth I. um Steuererleichterungen.

Erst im Zeitalter der Tudors reifte Liverpool langsam vom Dorf zur Stadt. 1515 schlug sich der Wandel im Bau der ersten Stadthalle in der Dale Street für alle sichtbar nieder. Langsam **nahm der Schiffsverkehr zu**, steuerte man von Liverpool immer häufiger Ziele in Irland und Wales an. Um das Jahr 1700 war die Zahl der Einwohner auf gut 5000 gestiegen. Jahr für Jahr kamen neue Zuwanderer hinzu, die im Hafen schnell Arbeit fanden. Zeitweise verdingte sich jeder dritte bis vierte Bewohner Liverpools als Matrose.

Zur richtigen Hafenstadt aber wurde Liverpool erst, als seine Reeder weitere Ziele in Europa, Asien, Afrika und Amerika ansteuerten. **Neue Kanäle** nach Manchester und Leeds brachten der Stadt Ende des 18. Jahrhunderts zusätzliche Standortvorteile. Jetzt war es möglich, die im Hinterland produzierten Waren und Rohstoffe weltweit zu verschicken. Schnelle Fahrzeiten und billige Frachtraten machten Liverpools Schiffseigner international bekannt. Den größten Profit aber brachte ihnen der erst im Jahre 1807 offiziell abgeschaffte **Sklavenhandel**, dem die Stadt ein Großteil ihres damaligen Wohlstands verdankte.

Schon Anfang des 19. Jahrhunderts wurden rund 40 % des britischen Welthandels über Liverpool abgewickelt. Die Stadt am Mersey war nun **die neben London wichtigste britische Hafenmetropole.** Und mit dem Handel wuchs auch die Stadt, der Königin Victoria anno 1880 schließlich offiziell die Stadtrechte verlieh. Überall entstanden neue Häuser und Büros, Lagerräume und Handelszentren, kleine und große Geschäfte sowie ein Bahnhof – einer der ersten der Welt –, der Liverpool mit Manchester verband.

Zur einer ersten großen Belastungsprobe für die Stadt wurden die **Hungerjahre in Irland 1846/1847**, die mindestens 300.000 Iren nach Liverpool fliehen ließen. Zwar wanderte ein Großteil weiter nach Amerika aus, Zehntausende aber blieben am Mersey hängen. Dies waren in der Regel arme Katholiken, die ihr Selbstbewusstsein aus der Zahl ihrer Kinder schöpften. Aber auch aus anderen Regionen Europas und Afrikas drängte es die Menschen in den Nordwesten Englands. Bis 1931 war die Zahl der Bewohner Liverpools auf rund 850.000 angewachsen – Menschen, für die überall in der Stadt **Massenquartiere** gebaut wurden. Zumeist waren dies einfachste Häuser, die ein Dach über dem Kopf garantierten,

ORIGINALTON

„Es gibt keine Stadt in England, London vielleicht noch, die so schöne Straßen und so elegante Häuser hat. Viele Häuser sind ganz aus Naturstein und der Rest, vor allem die neueren, aus Backstein."

Daniel Defoe, Autor des Abenteuerromans „Robinson Crusoe", 1724 in einem Reisebuch

ORIGINALTON

„Liverpool ist noch immer eine junge Stadt und hat wahrscheinlich noch nicht alle Standortvorteile genutzt. Von allen großen Städten in der Welt gibt es keine, die so ausschließlich auf Handel ausgerichtet ist. Jedes Haus in Liverpool ist entweder eine Buchhaltung, ein Warenhaus, ein Geschäft oder ein Haus, in dem so oder so mit irgendetwas gehandelt wird".

Deutscher Liverpool-Besucher in den frühen 1840er-Jahren

viel mehr aber auch nicht. So entstanden Stadtviertel, die bald zum Sanierungsfall wurden.

Die nächste schwere Zeit kam mit dem **Zweiten Weltkrieg.** Liverpools strategische Lage und die dort stationierten Verteidigungskräfte erhoben die Hafenmetropole zu **einem der wichtigsten Angriffsziele** des Deutschen Reichs. Deutschland wusste, dass die entscheidenden Atlantikschlachten von Liverpool aus gesteuert werden sollten. Das Western Approach Headquarter, wie Liverpools Führungsbunker damals hieß, ist noch heute zu besichtigen.

So kam, was nach militärischer Logik kommen musste: Deutsche Flieger, die im besetzten Frankreich und Belgien starteten, warfen Tausende todbringender Bomben über der Stadt und den Militärzentralen ab und **legten weite Teile Liverpools in Schutt und Asche.** Mindestens 4000 Menschen kamen damals ums Leben, Tausende wurden verletzt, Zehntausende verloren Hab und Gut.

031lp Abb.: gs

NEUBEGINN NACH DEM ZWEITEN WELTKRIEG

Schnell jedoch kehrte man in Liverpool zur Normalität zurück. Man rückte zusammen, krempelte die Ärmel hoch und packte gemeinsam an. Not und Elend hatten die Liverpudlians erneut zusammengeschweißt. Eine **Gemeinschaft aus vielen Kulturen**, der ideale Nährboden schließlich für eine neue Form von Kultur, die sich Ende der 1950er-Jahre in Liverpool und Umgebung ausbreitete. Am Ende stand ein neuer Musikstil, der

▲ *Denkmal Liverpool Blitz zur Erinnerung an den Zweiten Weltkrieg*

anfangs als Mersey-Sound, später dann als Beat um die Welt ging und in den Beatles seine populärsten Protagonisten fand.

In den 1960er- und 1970er-Jahren wurde im Krieg zerstörter Wohnraum durch mehrgeschossige Sozialwohnungen ersetzt. Siedlungen wie Kirkby gehörten damals zu den am schnellsten wachsenden Stadtvierteln Englands. In Liverpools City entstanden erste Einkaufszentren, deren Vorbilder amerikanische Shoppingmeilen waren. Den neuen Aufschwung symbolisierte vor allem der 1971 fertiggestellte, knapp 140 m hohe Turm über dem St. John's Centre, an dessen Spitze sich ein französisches Restaurant um die eigene Achse drehte.

Nach Jahren des Wirtschaftswunders aber **traf Liverpool die weltweite Rezession** schließlich stärker als andere britische Städte. Zehntausende von Arbeitsplätzen verschwanden, zeitweise war die Arbeitslosenquote am Mersey doppelt so hoch wie im Landesdurchschnitt. Erschwerend kam hinzu, dass der Schiffsverkehr nach Amerika durch neue, schnelle und regelmäßige Flugverbindungen in die Vereinigten Staaten mehr und mehr an Bedeutung verlor. Und auch dem Frachthafen Liverpool liefen andere Häfen, insbesondere neue Containerhäfen, den Rang ab. Arbeiteten anno 1967 noch 11.500 Menschen in den Docks am Mersey, waren es 1979 noch ganze 5.200.

Auch die Autoindustrie, die man in den 1960er-Jahren mit öffentlichen Zuschüssen in einer Höhe von 65 Millionen Pfund an den Mersey lockte, baute wegen der weltweiten Rezession einen Großteil der Jobs ab. In etwa einem Jahrzehnt machten fast 300 Firmen Pleite, verschwanden allein in der Industrie rund die Hälfte aller Arbeitsplätze. Betroffen davon waren vor allem junge Leute, die sich **woanders einen Job suchen** mussten. Viele wanderten ab, in der Folge sank die Einwohnerzahl auf 460.000.

Liverpool geriet in eine **tiefe Krise.** Zehntausende von Bürgern bezogen Sozialhilfe, was die Kassen der Stadt strapazierte. Die Regierung in London wurde um Hilfe gebeten, doch die in England damals tonangebenden konservativen Tories hatten für die zum Teil von Trotzkisten kontrollierte Labour-Regierung in Liverpool wenig übrig. **Demonstrationen und Streiks** lähmten so immer wieder das öffentliche Leben am Mersey, bis **Margaret Thatcher** das Stadtparlament schließlich auflöste und eine neue regionale Verwaltungseinheit schuf: die Merseyside Task Force (MTF). Diese setzte statt auf Schiffsverkehr und neue Industrie auf den Ausbau des Dienstleistungsgewerbes, auf Kunst, Kultur und Tourismus.

032lp Abb.: gs

◄ *Ein Segelboot liegt vor der Tate Gallery am Albert Dock*

STADTGESCHICHTE IN ZAHLEN

1207	*König Johann Ohneland erklärt „Liuerpul" zur Stadt.*
1229	*König Heinrich III. macht Liverpool zur „freien Stadt für immer".*
1331	*Erstmals taucht Liverpool auf einer englischen Karte auf.*
1351	*William de Liverpool wird erstes Stadtoberhaupt.*
1515	*Bau des ersten Rathauses*
1565	*Ein Sturm zerstört große Teile der Stadt.*
1641	*Beginn des Handels mit den Westindischen Inseln*
1647	*Liverpools Hafen, bislang eine Außenstelle Chesters, wird selbstständig.*
1648	*Erstmals löscht ein Tabakfrachter aus Amerika seine Fracht im Hafen.*
1674	*Neubau der Stadthalle*
1715	*Bau des ersten Trockendocks der Welt und Erweiterung der Stadt*
1802	*Mit dem Lyceum öffnet Europas erste öffentliche Leihbibliothek.*
1815	*Auf dem Mersey tauchen die ersten Dampfschiffe auf.*
1830	*Eröffnung der Bahnlinie Liverpool - Manchester*
1837	*Erstes Grand National Hindernisrennen auf der Pferderennbahn in Aintree*
1842	*Liverpool nimmt das erste öffentliche Bad in Betrieb.*
1874	*In Everton gründet sich einer der ersten Fußballklubs der Welt.*
1904	*Grundsteinlegung für die protestantische Kathedrale*
1933	*Eröffnung des Flughafens im Vorort Speke (heute John Lennon Airport)*
1934	*Öffnung des Queensway Tunnels*
1957	*Auf einem Pfarrfest spielt Paul McCartney John Lennon vor.*
1981	*Inbetriebnahme des neuen Albert Dock*
1996	*Eröffnung des Liverpool Institutes for Performing Arts*
2004	*Weite Teile der Innenstadt werden dem Weltkulturerbe unterstellt.*
2005	*Liverpool FC schlägt Mailand im Champions-League-Finale.*
2007	*Liverpool feiert 800-jähriges Stadtjubiläum.*
2008	*Kulturhauptstadt-Jahr: Liverpool erwartet einen neuen Besucherrekord.*

AUF DEM WEG ZUR KULTURHAUPTSTADT

Erster Testlauf für das neue Konzept war 1984 ein internationales Gartenfestival, das allen Unkenrufen zum Trotz 3,4 Millionen Gäste anlockte. Eindrucksvoll wurde so bewiesen, dass die von Krisen geschüttelte und arg imagegeschädigte Region noch immer einen Besuch wert ist. Mit öffentlichen Zuschüssen versüßte Liverpool privaten Investoren ihr Engagement und lockte auf diese Weise immer neue Firmen, die bis heute viele Milliarden Pfund in die einst fast bankrotte Stadt pumpten.

Das **Albert Dock** ❶ wurde zum **Aushängeschild des neuen Liverpool,** zum besten Beispiel einer geglückten Umwandlung der ehemaligen Hafenanlagen. In den alten Warenlagern am Mersey fanden sich plötzlich Boutiquen und Cafés, Bars, Restaurants

LIVERPOOL – QUELL DES LEBENS

„Ich hatte einen Traum. Ich war in einer dreckigen, verrußten Stadt. Es war Nacht und Winter, dunkel und regnerisch. Ich war in Liverpool. Im Zentrum war ein Pool, in dessen Mitte eine kleine Insel. Auf ihr stand ein einzelner Baum, eine Magnolie voller roter Blüten. Es schien, als stünde der Baum im Licht der Sonne. Gleichzeitig aber strahlte er selbst ganz hell. Alles wirkte extrem unangenehm, schwarz und undurchsichtig. So jedenfalls fühlte ich es. Aber irgendwie hatte ich die Vision von einer überirdischen Schönheit ... und das war der Grund, warum ich hier leben konnte. Liverpool ist der Quell des Lebens."

Carl Gustav Jung, Psychotherapeut und Kulturpsychologe, 1961

und Hotels – auch Museen von Rang, die inzwischen jährlich Millionen Besucher locken. Mit Investitionsgeldern der Europäischen Gemeinschaft wurde die Infrastruktur neu gestaltet, die Uferlandschaft neu geplant und der öffentliche Nahverkehr neu geordnet. Und mit dem **Ausbau der Universität,** die mit rund 50.000 Studenten inzwischen zu den größten Hochschulen Großbritanniens zählt, stieg erstmals auch wieder die Einwohnerzahl.

▶ *Schmelztiegel Liverpool: Freiluftfestivals vereinen Menschen aller Rassen und Nationen*

LEBEN IN DER STADT

Liverpool ist heute eine pulsierende Großstadt, geprägt von Erfahrungen, die englische Seeleute einst in aller Welt machten. Beeinflusst auch von Begegnungen, die Liverpooler Werft- und Dockarbeiter mit Menschen aus Afrika, Asien und Amerika hatten. Hunderttausende von Migranten drückten der Stadt ihren Stempel auf, Menschen aller Rassen und Hautfarben. Viele blieben nur ein paar Tage auf der Durchreise, andere ankerten für den Rest ihres Lebens am Mersey. Liverpool wurde so zu Englands Völkermühle, in der Menschen aus allen Nationen zusammenfanden.

MULTIKULTURELLER SCHMELZPUNKT

„Liverpudlians" heißen sie offiziell, die gut 450.000 Menschen in der Stadt am Mersey, Kinder, Männer und Frauen aus weit über 100 Nationen. 64 verschiedene Sprachen, so haben findige Köpfe ausgerechnet, werden in Liverpool gesprochen. Und natürlich *Scouse,* ein irisch geprägtes Englisch, **Liverpools Mundart,** die meist nicht leicht zu verstehen ist. Die *Scousers,* wie sich die Einheimischen selbst nennen, gelten als eigenwillig, aber auch als humorvoll und weltoffen.

Die **größte Bevölkerungsgruppe** bilden die **Iren.** Zu Zehntausenden waren sie Mitte des 19. Jahrhunderts eingewandert. Kaum eine andere Stadt Englands besitzt deshalb noch heute so viele irische Pubs und zählt so viele Katholiken auf engstem Raum. Den Iren folgen in der Bevölkerungsstatistik Schotten und Waliser, deren Arbeitskraft in Liverpool einst besonders geschätzt wurde.

Im 19. Jahrhundert lebten zeitweise bis zu 40.000 Menschen aus Wales in der Stadt und ihren Vororten. Mit der Liverpool Welsh Choral Union stellen die Waliser noch heute einen der größten Chöre. Kaum kleiner ist die schottische Gemeinde. Auch sie pflegt bis heute ihre eigenen Traditionen und Bräuche.

Rund 2000 Bürger bekennen sich zu ihren griechischen und zyprischen Wurzeln, nicht viel weniger zu ihren italienischen Vorfahren. Zahlreiche Straßennamen erinnern an die französischen Siedler, die es aufgrund der Napoleonischen Kriege an den Mersey verschlagen hatte. Norweger, Schweden und Dänen spülte die Seefahrt in die Stadt, gläubige Menschen meist, die zum Teil ihre eigenen Gotteshäuser hatten. Hinzu kamen religiös und politisch verfolgte Juden aus Russland, Polen und Deutschland, die in Liverpool eine neue Heimat fanden. Rund 3000 Juden leben noch heute am Mersey.

Unübersehbar ist auch die **chinesische Gemeinde**, die angeblich älteste Europas, die rund um die Berry Street zu Hause ist und die Straßen in ihrem Viertel zusätzlich chinesisch beschriftet hat. Außerdem nennt sie am Ende der Nelson Street [L12] das angeblich größte chinesische Tor außerhalb Chinas ihr Eigen. Mehr als tausend Köpfe zählt die Gruppe der Hindus. Noch größer ist jene der Muslime, deren stärkste Fraktion die Jemeniten sind. Afrikaner oder farbige Zuwanderer aus der Karibik und Südamerika dagegen finden sich in Liverpool weit weniger als in anderen englischen Städten. Hinzu kommen noch Inder und Japaner, Menschen von den Philippinen und aus Mauritius sowie Flüchtlinge aus dem Kosovo.

033lp Abb.: gs

Männer und Frauen aus allen Himmelsrichtungen, deren Väter und Mütter, Groß- und Urgroßeltern es einst an den Mersey verschlagen hatte, bilden heute die Gemeinschaft der Liverpudlians.

HARD WORKING, HARD FIGHTING, HARD DRINKING

– So lautet das Lebensrezept am Mersey. Ein Dreiklang aus Erfahrungen, welche die Menschen in Englands Nordwesten immer wieder machten. *Scousers* nennen sie sich selbst in Erinnerung an das englische Wort *lobscouse*. Es stand einst auch dem deutschen Wort „Labskaus“ Pate. Damit ist ein deftiger Eintopf gemeint, wie ihn vor allem die Seeleute schätzten. Vermutlich waren es norwegische

034lp Abb.: gs

Nicht immer sind die *Scousers* gut angesehen. Das liegt in erster Linie an ihrem oft rücksichtslosen Auftreten, wie es vor allem die Fußballfans bis heute an den Tag legen. „Gemeinsam sind wir stark" heißt diese Botschaft genauer betrachtet – einer der Schlüssel zur Identitätsbestimmung der Menschen am Mersey. Denn die vielen Krisen, die seit Jahrhunderten zu bewältigen waren, haben die **Liverpudlians zusammengeschweißt.** Das hat seine guten Seiten, denn hier steht einer für den anderen ein, was den *Scousers* oft den Vorwurf

LABSKAUS

Das erstmals 1701 erwähnte Gericht bestand ursprünglich nur aus Pökelfleisch, Kartoffeln, Zwiebeln und Speck. Heute kommt das traditionelle Seemannsmahl meist mit Roter Bete verfeinert auf den Tisch. In Deutschland wird Labskaus klassisch aus kurz in Wasser gekochtem, gepökeltem Rindfleisch zubereitet, das mit Zwiebeln, Salzgurken und Roter Bete durch den Fleischwolf gedreht wird. Danach wird die Masse in Schweineschmalz gedünstet, mit Gurkenwasser oder Brühe gekocht und mit gestampften Kartoffeln angereichert.

In Liverpool wurde der „Scouse" unter dem Einfluss der irischen Zuwanderer zu einem Eintopf aus Schafs- oder Lammfleisch, Kartoffeln, Zwiebeln, Karotten oder anderem Gemüse. Wer sparen will, lässt das Fleisch einfach weg: „Blind Scouse" heißt die vegetarische Variante des Liverpooler Nationalgerichts, zu dem Rote Bete oder Rotkohl als Beilage serviert wird.

Matrosen, die den Labskaus im späten 19. Jahrhundert im Welthafen Liverpool populär machten. Der Eintopf ist eine preiswerte, vor allem aber sättigende Mahlzeit, die nach kurzer Zeit zur Lieblingsspeise der Liverpudlians wurde (siehe Exkurs „Labskaus").

Ein anderer Favorit heißt *Butty*, womit in Liverpool ein Sandwich gemeint ist. Oder *Everton Mint*, schwarz-weiß gestreiftes, süßes Naschwerk. Seinen Namen verdankt diese Leckerei einer Frau, der sogenannten *Toffee Lady*, welche die Süßigkeiten einst in der Halbzeitpause der Fußballspiele des Everton FC unter das Volk warf.

035lp Abb.: gs

der Dickköpfigkeit einbringt. Auf der anderen Seite geht diese Identität manchmal auch so weit, dass man – wie im Falle eines 2007 erschossenen Jungen – einen Mörder schützt und die Polizei angesichts einer Mauer des Schweigens verzweifelt.

Es ist umstritten, wie stark die Bindung der Menschen an Liverpool letzten Endes wirklich ist. So mussten sich die Beatles, die immer wieder betonten, wie sehr Liverpool sie geprägt hat, gefallen lassen, dass sie von *Scousers* bis heute kritisiert werden, weil sie nach ihren ersten großen Erfolgen die Stadt verlassen haben.

LIVERPOOLS WAHRZEICHEN: DER LIVER BIRD

Was London der Tower, Paris der Eiffelturm oder Venedig die Gondel ist, ist Liverpool der Liver Bird. Der Vogel ist das Wahrzeichen der Stadt und prangt daher auf offiziellen Briefköpfen, allen Stadtwappen und städtischen Mülleimern. Den Haupteingang zum Stadion an der Anfield Road (23) schmückt er ebenso wie zahllose Gebäude.

Schon anno 1350 hatte ein Vogel erstmals ein städtisches Siegel geziert, das sich heute im Britischen Museum in London befindet. Ein Adler, der als Symbol für den Apostel Johannes stand und an König John erinnern sollte, der Liverpool im Jahr 1207 zur Stadt erklärt hatte. Im 17. Jahrhundert aber war dies alles in Vergessenheit geraten. Der städtische Vogel nahm die Gestalt eines Kormorans an, wie er in den Gewässern rund um die Stadt damals häufig anzutreffen war.

So richtig zum Wahrzeichen der Stadt aber wurde der Liver Bird erst Anfang des letzten Jahrhunderts, als die Bauherren des Royal Liver Buildings am Pier Head (3) ihre beiden Uhrtürme mit **zwei fünfeinhalb Meter hohen Vögeln aus Kupfer** krönten und damit alte Mythen neu belebten. Auch die Legende vom Ende Liverpools: Sollte der Liver Bird eines Tages die Stadt verlassen, ist diese der Legende zufolge dem Untergang geweiht.

◄ *Liverpool – eine Fußballmetropole*

► *Der Liver Bird mal anders*

„OB-LA-DI OB-LA-DA“ – KLEINES LIVERPOOLER WÖRTERBUCH

- **Kecks:** Herrenhose
- **Over the water:** Bezeichnung für alle, die auf der anderen Seite des Mersey wohnen
- **Jigger:** enger Durchgang zu oder neben einem Haus
- **Gear:** anstatt „great“ für großartig
- **Casey:** Lederfußball
- **La:** Kurzform für Freund oder Kamerad, im Song „Ob-la-di Ob-la-da“ machten die Beatles den Ausdruck weltweit bekannt.
- **Skint:** Bedeutet so viel wie „Ich habe kein Geld“ und ist besonders beim abendlichen Kneipenbummel häufig zu hören.
- **Ta:** Danke
- **Khazi:** Toilette
- **An-Twakky:** Altmodisch
- **Queen:** Männliches Modewort, mit dem Väter ihre Töchter und Männer ihre Ehefrauen titulieren

Nach dem Willen ihrer Schöpfer halten die beiden Vögel auf dem Hochhaus Tag und Nacht symbolisch über Liverpool Wacht. Dabei soll das Männchen auf der Stadtseite ein Auge auf das Wohl der Menschen werfen, das Weibchen gegenüber auf den Wohlstand achten, der sich damals vor allem im Hafen dokumentierte. Das Volk freilich sah und sieht das bis heute anders. Für die Liverpudlians hält das hoch über dem Mersey platzierte Vogelweibchen nach heimkehrenden Matrosen Ausschau, sein männliches Gegenstück dagegen nach offenen Pubs.

Noch immer sind die Liver Birds das Symbol der Stadt. So mussten sie in den 1970er-Jahren als Titel einer populären Sitcom Pate stehen, in deren Mittelpunkt zwei junge Damen aus Liverpool agierten. Und auch in Zukunft wird Liverpool an den Liver Birds als Markenzeichen festhalten. **Neuste Darstellungen des Wappenvogels** allerdings zeigen ihn nicht mehr mit einem Zweig Seegras im Schnabel, sondern mit einem Pinsel und einer Schreibfeder. Auf diese Art bringen Künstler vereinzelt Liverpools Richtungswechsel von der Hafenstadt zur Kunst- und Kulturmetropole zum Ausdruck.

LIVERPOOL ENTDECKEN

004lp Abb.: gs

ERLEBENSWERTES IM ZENTRUM

Verlaufen kann man sich in Liverpool eigentlich nicht. Zwei große Kathedralen, die unterschiedlicher kaum sein könnten, bieten immer wieder Orientierung, markieren sie doch den Rand der Innenstadt. Das Zentrum wiederum überragt ein schmaler Turm, der heute einem Radiosender als Studio dient. Die nachfolgend vorgestellten Sehenswürdigkeiten kann man zielgerecht mithilfe des Kartenatlasses aufsuchen – oder man lässt sich einfach ein wenig treiben, dann trifft man fast automatisch auf eine der Sehenswürdigkeiten. Auf dann!

1 ALBERT DOCK ★★★ [I12]

Albert Dock heißt Liverpools Touristen-Magnet. Drei bis vier Millionen Besucher verschaffen sich hier jährlich einen Eindruck von der einstigen Hafenmetropole, von Kais und Warenlagern, in denen früher betriebsames Treiben herrschte. Heute geht es im Albert Dock nicht weniger geschäftig zu, es locken Museen, Hotels, Restaurants, Klubs und Bars. Die Tate Liverpool wirbt mit moderner Kunst, das Merseyside Maritime Museum mit Seefahrtsgeschichte und Geschichten. „The Beatles Story" schließlich dokumentiert die Geschichte der Fab Four.

Das Albert Dock ist das **Kernstück des heutigen Weltkulturerbes** und die größte Gruppe Grad 1 gelisteter Gebäude in England. (Mit Grad 1 markiert der englische Staat Gebäude oder Denkmäler von höchstem architektonischen und kulturellen Wert.) Genau betrachtet ist das Dock eine Ansammlung nüchterner Zweckbauten, für deren Bau man einst in Schottland einen eigenen Steinbruch erschloss. Insgesamt wurden 23,5 Millionen Backsteine verbaut, denen 47.000 t Mörtel Halt verleihen. Architekt Jesse Hartley plante die Anlage, einen Hafen für große Segelschiffe, in einer Art Baukastensystem. So wurden die Gebäude um große, eiserne Gerippe montiert, die später eine individuelle Raumaufteilung erleichtern sollten. Entlang der Kais setzte man dorische Säulen ins Erdgeschoss, viereinhalb Meter hohe Eisenträger, die noch heute Blickfang sind und den Industriebauten von Anfang an ihre Schwerfälligkeit nahmen.

Das Albert Dock galt einst als das modernste Importlager der Welt, ausgelegt für maximal 250.000 t Ware, feuerfest und technisch ausgereift. Rum, Tabak und Baumwolle wurden hier hauptsächlich umgeschlagen, ab 1848 sogar mit den ersten hydraulischen Kränen der Welt. Außerdem war das Albert Dock die erste Anlage, die nur aus Eisen, Ziegel und Steinen bestand. Eine **architektonische Glanzleistung**, die schnell ihre Bewunderer fand. „Ich habe schon viel von der Großartigkeit der Anlage gehört", sagte Prinz Albert anlässlich der Eröffnung des Docks im Juli 1846, „aber die Realität hat meine Erwartungen weit übertroffen."

Genau betrachtet besteht das Albert Dock aus verschiedenen, untereinander verbundenen Docks und fünf großen Warenlagern. Ältester Teil ist das 1715 gebaute **Old Dock,** an dessen Stelle sich heute ein großer Parkplatz befindet. Es war das erste Trockendock der Welt und der Grundstein für Liverpools Entwicklung zur maritimen Weltmetropole. Dem Old Dock folgten weitere Hafenanlagen wie die Graving Docks, die

inzwischen vom Merseyside Maritime Museum 5 genutzt werden. Die 1965 endgültig stillgelegten Hafenanlagen bieten heute einem ehemaligen Lotsenboot Schutz – und dem Dreimastschoner „De Wadden“, einem 1917 in Holland gebauten Schiff, das als letztes ausschließlich kommerziell genutztes Segelschiff auf dem Mersey unterwegs war.

Im Zweiten Weltkrieg wurde das Albert Dock, das den Engländern als Quartier für viele kleine Kriegsschiffe diente, immer wieder von deutschen Bombern angegriffen. Am Ende des Krieges waren jedoch nur 14 % aller Warenhäuser zerstört, sodass die Anlage schnell wieder in Ordnung gebracht werden konnte. Gegen die neuen Containerhäfen freilich hatte das Albert Dock wirtschaftlich keine Chance. Legten 1955 noch ganze 68 Schiffe im Jahr dort an, so war es bis zur Aufgabe der Anlage anno 1972 nur noch eine Frage der Zeit.

Statt wie einst angedacht das Dock abzureißen, stellte man es glücklicherweise **unter Denkmalschutz** und wandelte es behutsam in ein Freizeitzentrum um. 1980 wurde das Merseyside Maritime Museum 5 eingeweiht, acht Jahre später übergab Prinz Charles die komplette Anlage der Öffentlichkeit. Die Umwandlung des Albert Dock signalisierte das Ende von Liverpools großer maritimer Geschichte, unterstrich gleichzeitig aber den neuen Anspruch der Stadt als Metropole der Künste und Museen – und als Freizeittreff, dessen Ruf ein gutes Dutzend Restaurants, Klubs und Bars unterstreichen. Zudem sind im Albert Dock heute 19 Geschäfte und über 30 Büros untergebracht, hinzu kommen 115 Luxusappartements und zwei Hotels direkt neben dem Beatles-Museum 2.

› Bahnstation: James Street

▲ *Albert Dock: links die Tate Gallery, rechts das Maritime Museum nebst Sklavenmuseum*

2 THE BEATLES STORY ★★★ [I12]

Ein Museum erzählt Liverpooler Musikgeschichte.

„The Beatles Story“ erzählt die Geschichte der Fab Four von ihren Kindertagen bis zur Auflösung der Gruppe im Jahr 1970. Beatles-Manager Brian Epstein, Paul McCartney, Cynthia Lennon und George Martin sind nur ein paar jener Prominenten, die im Originalton den Aufstieg der Gruppe zur erfolgreichsten Boygroup der Welt dokumentieren.

Am beeindruckendsten aber sind die maßstabsgerechten **Nachbauten ihrer Erfolgsstätten.** Dazu gehört die Bühne des Cavern Club ebenso wie der Eingang zum Hamburger Star-Club. Originalgetreu nachgebildet wurde auch der Cashbah Coffee Club, in dem die frühen Beatles, die damals noch mit Pete Best am Schlagzeug trommelten, gern zu Gast waren. Außerdem finden sich im Museum John Lennons „White Room“ mit dem großen Klavier und das Büro, in dem einst die Zeitschrift „Mersey Beat“ ediert wurde, das Sprachrohr der Liverpooler Beatgeneration. Zu den weiteren Sehenswürdigkeiten gehören Harrisons erste Gitarre und von den Beatles getragene Anzüge.

2008 soll das Museum um neue Räume erweitert werden. Kopfhörer für eine deutschsprachige Audio-Begleitung gibt es am Eingang, wo sich selbstverständlich auch ein umfangreicher Souvenirshop befindet.

› www.beatlesstory.comw, Tel. 0151 7091963, 10–18 Uhr (letzter Einlass: 17 Uhr), Eintritt: Erwachsene 12,50 £, Kinder (5–16 Jahre) 6,50 £, Studenten, Senioren 8,50 £, Familienkarte ab 32 £, Bahnstation: James Street

3 PIER HEAD ★★★ [H11]

Nur einen Katzensprung vom Albert Dock entfernt findet sich mit dem Pier Head ein weiteres Stück Liverpooler Weltkulturerbe. Die dortige Uferfront gilt als Schokoladenseite der Stadt, die im späten Sonnenlicht ihren ganzen Charme entfaltet.

Royal Liver Building, Cunard Building und Port of Liverpool Building heißen die drei Prachtbauten im Zentrum, in Liverpool als die **„Drei Grazien“** *(Three Graces)* bekannt. Auch wenn die Häuser separat nebeneinander stehen, vom Deck der Mersey-Fähre 4 oder dem gegenüberliegenden Ufer aus wirken sie wie eine Einheit.

Anno 1907 wurde das **Port of Liverpool Building** als erstes großes Bauwerk an der neuen Uferpromenade errichtet. Es war das Hauptquartier des Mersey Dock and Harbour Board, der wichtigsten Schifffahrtsbehörde damals. Das 13 Stockwerke hohe, neobarocke Gebäude mit Ziergiebeln und großen Türmen ist das Ergebnis eines Architektenwettbewerbs, den man sechs Jahre vorher ausgeschrieben hatte. Meterhohe Frauenfiguren, die Kommerz und Industrie verkörpern sollen, flankieren bis heute den Haupteingang, den Schiffe in Füllhörnern krönen. Auf dem Mosaikfußboden der Eingangshalle prangt die Botschaft des Psalms 107: „Sie, die mit Schiffen das Meer befuhren und Handel trieben auf den großen Wassern, die dort die Werke des Herrn bestaunten, seine Wunder in der Tiefe des Meeres.“

▶ *Blick über das Salthouse Dock auf die „Drei Grazien“, Liverpools Weltkulturerbe*

ORIGINALTON

„Seeleute lieben dieses Liverpool; und während der langen Reisen in alle Teile der Welt wird sein Charme und seine Anziehungskraft noch größer. Denn in Liverpool finden sie ihr Paradies - und einer hat mir gar verraten, er wäre zufrieden damit, nur im Princess Dock zu liegen bis es wieder heißt, Anker zu lichten und in die Welt aufzubrechen."

Hermann Melville, Autor des Romans „Moby Dick", 1839

Schon ein Jahr nach der Fertigstellung des Port of Liverpool Building begann man mit dem Bau des **Royal Liver Building.** Bauherr war die Royal Liver Friendly Society, die aus einem Sterbeverein des 19. Jahrhunderts hervorgegangen war. Architektonisch fiel das 1911 vollendete Gebäude völlig aus dem Rahmen, verbanden sich in ihm doch Art Nouveau, barocke und byzantinische Elemente zu einem ganz neuen Stil, den man bis dahin nur aus Amerika kannte. Auf das Dach setzte man kleine Türmchen und Kuppeln, auf die beiden Uhrtürme die berühmten Liver Birds, zwei große Vögel aus Kupfer, die heute mit halb ausgebreiteten Flügeln über der Stadt thronen.

Zwei Jahre später wurde mit dem **Cunard Building,** das mehr einem italienischen Palazzo als einem Schifffahrtsbüro gleicht, die Lücke zwischen den beiden Bauten geschlossen. Der damalige Wolkenkratzer wurde zum Hauptquartier der noch heute existierenden Schifffahrtslinie Cunard. Wieder hatten sich die Architekten amerikanische Bauten zum Vorbild genommen und auch bei der Inneneinrichtung an nichts gespart. Besonders aufwendig wurde der Warteraum für die Erste-Klasse-Passagiere ausgestattet, die man auf diese

037lp Abb.: gs

Weise stilvoll auf die lange Reise über den Atlantik einstimmen wollte. Heute findet sich im Keller ein kleines, vor allem für Kinder geeignetes Museum: „Underwater Street“ 5 führt auf unterhaltsame Weise in die Welt der Erwachsenen ein.

Eine lange Geschichte hat die **Pier Head Piazza,** die breite Uferpromenade, die man im Lauf der Jahre dem Mersey abgetrotzt hatte. Immer wieder wurde sie als Ankerplatz neu gestaltet. Ende 2008 wird sie sich in ganz neuem Glanz zeigen, mit neuem Fähr-Terminal und einem neuen Anleger für Kreuzfahrtschiffe. Und auch der alte Schiffskanal nach Leeds endet jetzt am Pier Head.

› Bahnstation: James Street

4 MERSEY-FÄHRE ★★ [H11]

Touristisch ist sie die letzte Reminiszenz an Liverpools maritime Vergangenheit, die Fähre auf dem Mersey. Von ihrem Deck aus erschließt sich **der beste Blick auf die Stadt,** besonders spät nachmittags, wenn die Sonne die Uferfront ins wärmste Licht taucht. Auch der River Mersey, Liverpools Lebensader, kommt vom Schiff aus am besten zur Geltung. Lange Jahre war er einer der meistverschmutzten Flüsse Europas, flossen alle Abwässer aus der Großstadt Liverpool und ihrem Hinterland ungeklärt in den Fluss, was seinem biologischen Tod gleichkam. Erst 2002 wurden erstmals wieder Fische im Wasser gesichtet, inzwischen sogar auch wieder Lachse, denen man mit viel Glück zwischen September und November auf der Fischtreppe in Woolston begegnen kann. Auch Tümmler fühlen sich im Mersey heute wieder wohl.

Die Mersey-Fähre verbindet noch immer die Stadt mit der gegenüber-

KLEINE HAFENGESCHICHTE LIVERPOOLS

*Seejungfrauen und Meeresgötter, Anker und Leinen: Überall in Liverpool begegnet man noch heute **maritimen Symbolen.** Sie zieren Laternen ebenso wie Hausfassaden und Denkmäler, Wappen und Standeszeichen, verweisen so auf Liverpools Rolle als Hafenstadt. Für Jahrhunderte diente der Mersey zahllosen Seefahrern als sicherer Ankerplatz - jener Fluss, dessen Uferregionen einst Benediktinermönche mit ihren Fähren zur Besiedlung erschlossen hatten. Keiner aber ahnte damals, dass Liverpool einmal einer der wichtigsten Häfen der Welt werden sollte.*

*Anfangs stand Liverpool ganz **im Schatten der Nachbarstadt Chester,** das schon früh über einen eigenen Hafen verfügte. In Liverpool hingegen waren im Mittelalter mehr Fischer als Matrosen zu Hause, die sich damals um den „Liver Pool“ scharten, eine natürliche Ausbuchtung des Mersey-Flusses. Anno 1540 zählten die Chronisten ganze vier in Liverpool stationierte Schiffe, die gelegentlich ins benachbarte Irland, nach Wales oder zur Isle of Man segelten. Kohle, Eisen, Kupfer, Hopfen, Kleidung und Seife wurden exportiert, Fette, Leinen, Holz, Salzheringe und Fleisch importiert.*

Mehrmals jährlich ging es auch Richtung Frankreich, von wo man Wein und Salz mitbrachte. Zur Hafenmetropole aber reifte Liverpool erst in der zweiten Hälfte des 17. Jahrhunderts, als man von hier aus mehr oder minder regelmäßig die Karibik ansteuerte. 1647 lösten sich die Liver-

pooler deshalb von Chester und ***verwalteten ihren Hafen selbst.*** *Es folgten der Bau neuer Kais und die Professionalisierung des Hafenbetriebes, wo schließlich bis zu 5000 Menschen Arbeit finden sollten.*

1715 öffnete das ***erste kommerziell betriebene Trockendock der Welt.*** *Damit machte man sich von Ebbe und Flut unabhängig, von rund zehn Meter Wasserstandschwankungen, die das Be- und Entladen der Schiffe immer wieder erschwerten. Weitere Trockendocks kamen hinzu, was zu einer Ausweitung des Schiffsverkehrs und zu einer Intensivierung des Handels führte. Mit Amerika, Afrika und Asien nahmen die Reeder neue Ziele ins Auge, globalisierte sich der Schiffsverkehr mehr und mehr. So wuchs der Frachtumschlag zwischen 1709 und 1800 von 14.600 auf 450.000 Tonnen - und fast gleichzeitig verzehnfachte sich die Größe der Hafenanlagen.*

Das meiste Geld verdienten Liverpools Reeder aber mit dem ***Sklavenhandel.*** *Generationen lang pendelten jährlich zwischen 40 und 100 Schiffe zwischen Europa, Afrika und Amerika hin und her, kontrollierte Liverpool die Hälfte der weltweiten Sklaventransporte. Noch immer streiten sich die Gelehrten, wie viele Opfer der sogenannte „afrikanische Holocaust" gefordert hat. Von 12 bis 100 Millionen Menschen reichen die Schätzungen. Ein unrühmliches Kapitel in der Stadtgeschichte, für das sich Liverpools Stadtrat am Ende des letzten Jahrtausends förmlich entschuldigte.*

Heute zeichnet das neue International Slavery Museum 5 *im Albert Dock dieses Stück Geschichte nach und dokumentiert das Geschäft der Reeder. Ihre sogenannte* ***„Dreiecks-Route"*** *gehörte zu den einträglichsten der Welt. Dabei wurden die Schiffe auf dem Weg von England nach Afrika mit Textilien, Alkohol und Waffen beladen, dort mit Sklaven Richtung Westindische Inseln oder Amerika bepackt, von wo es mit Tabak, Baumwolle, Reis, Kaffee und Gewürzen schließlich nach Liverpool zurückging. Bis der Sklavenhandel 1807 endgültig verboten wurde, hatten Liverpooler Schiffseigner schätzungsweise 5000 einträgliche Transporte dieser Art organisiert.*

Mitte des 19. Jahrhunderts war Liverpool der neben London wichtigste Frachthafen Englands, ***Umschlagplatz*** *für die im Hinterland gewonnenen Rohstoffe und Industriewaren, die im Raum Leeds/Manchester erzeugt und auf den neuen Schiffskanälen nach Liverpool gebracht wurden. Gleichzeitig importierten die Briten aus Irland landwirtschaftliche Erzeugnisse und Vieh. So registrierten Wissenschaftler bei der Auswertung alter Hafenbücher allein für die drei Monate März, Juli und Oktober des Jahres 1853 die Einfuhr von rund 57.000 Schafen, 6000 Rindern, 16.500 Schweinen, 2000 Pferden und 33.500 Kühen. Hinzu kamen große Mengen Eier, Butter, Fett, Weizen, Gerste und Hafer.*

Mit den ersten Eisenbahnverbindungen und den neuen, dampfbetriebenen Schiffen war der ***Lebensmittel- und Tierhandel*** *kein Problem mehr. Die Dampfschiffe verkürzten die Fahrzeit von Irland nach Liverpool auf* *gut zwölf Stunden, von dort ging es per Schiene weiter bis nach London. Auch Gewürze, Rosinen, Orangen, Zitronen, Feigen, Mandeln, Weine und Brandy wurden jetzt immer häufiger in Liverpool umgeschlagen, dazu Rohstoffe wie Baumwolle, Tabak, Palmöl, Guano, Hanf oder Tierfelle, Salz und Kohle.*

***Tausende von Hafenarbeitern** transportierten die Waren mit Muskelkraft vom Schiff ins Dock und umgekehrt, meist in Zwölf-Stunden-Schichten. Etwas Erleichterung brachten die ersten hydraulischen Kräne, die erstmals in Liverpool ihren Dienst taten. 1893 baute man den Overhead Railway, eine der weltweit ersten Eisenbahnstrecken auf Stelzen, die Liverpools Hafenanlagen miteinander vernetzte und den dort Arbeitenden zur An- und Abreise diente.*

*Liverpool avancierte schließlich im 19. Jahrhundert **zum wichtigsten Passagierhafen der Welt.** So starteten von den 5,5 Millionen Menschen, die zwischen 1860 und 1900 den Atlantik querten, 4,75 Millionen in Liverpool. Allein 1851 fuhren vom Pier Head 455 Schiffe mit insgesamt fast 160.000 Passagieren nach New York. Zum Vergleich: In Bremen waren es im gleichen Jahr nur 132 Schiffe mit knapp 20.000 Amerika-Reisenden.*

Schifffahrtsgesellschaften wie beispielsweise die Cunard Line oder die White Star Line, in deren Namen auch die weltberühmte Titanic - jener Luxusdampfer, der bei seiner Jungfernfahrt im Jahr 1912 mit einem Eisberg zusammenstieß - einst unterwegs war, mehrten Liverpools Ruhm als Hafenstadt. Ozeandampfer wie die Lusitania oder die Empress of Ireland, deren verkleinerte Nachbauten heute im Maritime Museum 5 *im Albert Dock zu bestaunen sind, karrten Tausende Auswanderer über den Atlantik. Rund um das Pier Head, Liverpools Tor zur neuen Welt, errichteten Hafenverwaltung und Reedereien **prächtige Bauten,** die heute zum Weltkulturerbe gehören.*

*Auch Englands Militärstrategen wussten um die Qualität des Liverpooler Hafens - zum Ärger der deutschen Militärs, denen die Vormachtstellung der Briten auf den Weltmeeren schon im Ersten Weltkrieg gegen den Strich ging. Immer wieder attackierten sie deshalb britische Schiffe wie die Lusitana, die ein deutsches U-Boot anno 1915 versenkte. 1201 Tote waren die traurige Bilanz, darunter 404 Crew-Mitglieder aus Liverpool. Auch im **Zweiten Weltkrieg** galt Liverpools Hafen Deutschlands Militärs als wichtiges strategisches Ziel, daher wurden die Stadt und ihr Hafen immer wieder bombardiert.*

*Nach dem Krieg war Liverpools Hafen nur noch einer von vielen. Die Zeiten hatten sich geändert: Im Passagierverkehr nach Amerika hatte das Flugzeug die Nachfolge der großen Atlantik-Liner angetreten, im Warenverkehr riesige Containerschiffe die alten Frachter abgelöst. Für Liverpools Hafen hatte das **dramatische wirtschaftliche Folgen.** Wurden von hier Ende der 1960er-Jahre noch fast ein Viertel der Fabrikwaren Englands exportiert, waren es zum Jahrtausendwechsel nicht mal mehr ein Zehntel - trotz des neuen, modernen Containerhafens im Norden der Stadt.*

liegenden **Halbinsel Wirral**, wo gewöhnlich zwei Stopps auf dem Programm stehen. Einer in Woodside und einer in Seacombe, wo mit „Spaceport" 26 und „Aquarium" 28 zwei populäre Freizeitattraktionen locken. Die ermäßigten Eintrittskarten für diese Anlagen kann man gleich mit dem Fährticket erwerben, das man für die Rückfahrt aufheben muss. Und natürlich krönt jede Fahrt auf dem Mersey Gerry Marsdens legendärer Song, der aus den Bordlautsprechern krächzt: „So Ferry 'cross the Meeeerseyyyyyyy 'cause this land's the place I love and here I'll stayyyyyyyyy ..."

ORIGINAL-TON: FERRY 'CROSS THE MERSEY (GERRY MARSDEN)

Life goes on day after day
Hearts torn in every day
So ferry 'cross the Mersey
'cause this land's the place I love
and here I'll stay
People they rush everywhere
Each with their own secret care
So ferry 'cross the Mersey
And always take me there
The place I love
People around every corner
They seem to smile and say
We don't care what your name
is boy
We'll never turn you away
So I'll continue to say
Here I always will stay
So ferry 'cross the Mersey
'cause this land's the place I love
and here I'll stay
and here I'll stay
here I'll stay

Die Fähren starten täglich ab 10 Uhr am Pier Head. Die letzte verlässt den Kai werktags um 15 Uhr, am Wochenende und feiertags um 18 Uhr.

› Mersey ferries, Victoria Place, Seacombe, Wallasey, Wirral CH44 6QY, www.merseyferries.co.uk, Tel. 0151 3301444, Rückfahrkarte: 5,10 £, Bahnstation: James Street

5 ALBION HOUSE (WHITE STAR BUILDING) ★ [I11]

Das für die spätere White Star Line erbaute Haus gehört zu den architektonisch ausgefallensten in Liverpool. Die Fassade besteht vertikal abwechselnd aus weißem Stein und roten Ziegeln – daher nennen die Liverpudlians das Haus auch *streaky bacon building*, also „Durchwachsener-Speck-Gebäude".

Nach dem Untergang der Titanic, eine der größten Schiffskatastrophen der Welt, verlasen die Manager der Reederei vom Balkon des Hauses die Namen der Toten.

› 30 James Street, Bahnstation: James Street

6 TOWN HALL ★★ [I10]

Zu den Glanzstücken des Liverpooler Weltkulturerbes gehört die Stadthalle. Sie gilt als eines der schönsten Gebäude aus georgianischer Zeit – ein architektonisches Juwel, das von innen noch prächtiger als von außen wirkt und manch weitgereisten Betrachter zu Vergleichen mit dem Winterpalast des Zaren in St. Petersburg angeregt hat. Ursprünglich wurde der Prachtbau als Börse genutzt, zwischen den großen Arkaden im Erdgeschoss herrschte geschäftiger Handel.

1749 hatte man mit dem Bau der Halle begonnen, die 1754 erstmals in

Betrieb genommen wurde. 1802 setzte man ihr die große **Kuppel** auf, die vier Uhren zieren, flankiert von Löwen und Einhörnern. Obenauf thront Minerva, die römische Göttin der Weisheit, eine mit Blattgold belegte Terrakotta-Statue. Mit der Fertigstellung des großen Ballsaals hatte die Town Hall 1820 schließlich zu ihrer heutigen Form gefunden.

Schon die Eingangshalle strotzt vor Schönheit. Wandfresken erzählen aus der Geschichte der Stadt, vor allem von ihrer Gründung durch König Johann Ohneland. Beeindruckend ist die von hier nach oben führende Freitreppe, die schönste Liverpools, die einen einmaligen Blick in die blau und golden ausgemalte, gut 32 m hohe Kuppel gewährt. Oben finden sich die städtischen Repräsentationsräume einschließlich des großen Balkons, auf dem Großbritanniens Monarchen ebenso standen wie die Beatles, die sich hier 1964 von den Liverpudlians für ihre ersten Welthits feiern ließen.

Prunkstück ist der **große Ballsaal**, der heute, wenn ihn nicht gerade die Stadt nutzt, Hochzeitsgesellschaften dient. Drei der wertvollsten europäischen Lüster hängen hier: achteinhalb Meter hohe und mehr als eine Tonne schwere Leuchter aus jeweils über 20.000 Kristallglasteilchen, unbezahlbare Unikate heute. Etwas überdimensioniert wirkt der Ratssaal im Erdgeschoss, der 160 Parlamentariern Platz bietet. Denn Liverpools Stadtrat, der hier alle sieben Wochen zusammenkommt, ist nur halb so groß.

Die Town Hall ist kein Museum, sondern wird das Jahr über vom Bürgermeister und anderen Politikern zu Repräsentationszwecken genutzt. Deshalb sind die Besuchsmöglichkeiten eingeschränkt. Hin und wieder gibt es Führungen (siehe Internetseite) und wer Glück hat, dem erlaubt einer der Türsteher vielleicht einen kurzen Blick ins Innere.

› High Street, Tel. 0151 2255530, www.civichalls.Liverpool.gov.uk, Bahnstation: James Street

KLEINE PAUSE

Caffè Nero 2

Als Zwischenstopp empfiehlt sich tagsüber das Caffè Nero nur ein paar Schritte weiter in der Castle Street. Bei einem Kaffee und einem hausgemachten Snack kann man gut ein bisschen Kraft nachtanken und das geschäftige Treiben im Bankenviertel durch die Scheiben beobachten.

7 CASTLE STREET ★★ [J10]

Liverpools **Prachtstraße** ist das Herz der Altstadt. Sie spiegelt den Glanz der alten Geschäftsmetropole, finden sich doch hier Büro- und Bankenpaläste vom Feinsten. Viele der prunkvollen Bauten, auch jene in den Nebenstraßen, werden heute als Restaurant, Café oder Hotel zweckentfremdet – zur Freude der Citybummler. Ein ausgedehnter Spaziergang entlang der historischen Gemäuer gehört zum Pflichtprogramm eines jeden Liverpoolbesuchers.

› Bahnstation: James Street

8 CAVERN QUARTER ★★ [J10]

Mathew Street heißt eine schmale Gasse im Herzen Liverpools. Kaum ein Tourist würde sie betreten, hätten die Beatles dort nicht **in einem dunklen Keller Geschichte geschrieben.** Ihre Auftritte im legendären Cavern Club legten den Grundstein zu einer der steilsten Karrieren im Unterhaltungsgeschäft. Heute ist die Mathew Street im Cavern Quarter das **Mekka der Beatles-Touristen**, laden Musikkneipen und Geschäfte fast rund um die Uhr zum Erinnerungsbummel.

Das Herz des Viertels ist der 1957 eröffnete **Cavern Club** [3], in dem anfangs authentischer Jazz, schon bald aber Skiffle und schließlich Beat gespielt wurde. Große finanzielle Erfolge waren dem kleinen Cavern Club nie beschieden, obwohl dort Giganten wie The Who, Eric Clapton oder The Rolling Stones auftraten. 1973 machte der Klub deshalb dicht und räumte seinen Platz für den Bau der neuen Metro. 1984 aber meldete sich der Cavern Club wieder zurück, nur ein paar Schritte neben dem ehemaligen Klub wurde er unter Verwendung vieler Originalsteine neu aufgebaut.

1994 öffnete der **Cavern Pub** gegenüber, neben dessen Eingang eine Statue John Lennons steht. Ein paar Schritte weiter findet sich die **Liverpool Wall of Fame.** Mehr als 50 kleine, runde Bronzetafeln, die an Nummer-Eins-Hits Liverpooler Künstler in den britischen Charts von 1953 bis heute erinnern – von Lita Roza's Hit „How Much is that Doggie in the Window?" bis Atomic Kitten's „The Tide is High". „From Me to You" markierte 1963 den ersten großen Beatles-Hit, dem mehr als ein Dutzend weitere folgen sollten. Wieder ein paar Schritte weiter findet sich eine Statue mit dem Titel „Four Lads Who Shook The World", darunter ein kleiner Engel mit Gitarre, der nach dem Tod John Lennons hinzugefügt wurde.

Seit den 1970er-Jahren hat das Cavern Quarter sein Gesicht komplett verändert. Aus dem schmutzigen Vergnügungsviertel von einst, durch das sich die Autos quetschten, ist **eine touristische Amüsiermeile geworden**, eine Fußgängerzone mit Klubs, Pubs und Restaurants. Und Geschäften wie dem „Cavern Designer Shopping", das eine Statue der Fab Four beherbergt. Gleich um die Ecke findet sich das neue Hard Day's Night Hotel [9], das erste Beatles-Themen-Hotel der Stadt (37–45 North John Street). Nur zwei Kneipen aus der Beatles-Ära haben hier bis heute überlebt, der „Grapes Pub" (Mathew Street) und der „White Star Pub" (Rainford Gardens), in denen die Fab Four und andere im Cavern Club gastierende Gruppen hin und wieder ihren Durst löschten – gab es im Cavern doch meist keinen Alkohol.

038lp Abb.: gs

▶ *Mathew Street: Erinnerung an die Kindertage der Beatles*

YEAH, YEAH, YEAH – EIN SOUND GEHT UM DIE WELT

*Es waren die Beatles, die Liverpool in aller Welt bekannt machten. Am Mersey stand die **Wiege des Beat,** jenes typischen Gitarrensounds, den junge, weiße Klangkünstler vor einem halben Jahrhundert aus Skiffle, Rock 'n' Roll und Blues entwickelten. Mit ihrer Musik verkörperten John, George, Paul und Ringo ein neues Lebensgefühl, Millionen meist junger Menschen fühlten sich von ihren Rhythmen und Texten beseelt. Gruppen wie Echo & The Bunnymen, Frankie Goes to Hollywood, Orchestral Manoeuvres in the Dark, Atomic Kitten oder The Coral halten Liverpools musikalische Reputation bis heute am Leben.*

*Wie viele Hafenstädte hatte auch Liverpool **schon immer eine lebendige Musikszene.** Schließlich galt es, Zehntausende von Matrosen auf ihren Landgängen bei Laune zu halten, nicht nur mit Seemannsliedern. Und auch die Dockarbeiter waren für jede Stunde Abwechslung dankbar, die ihnen die Klubs und Bars mit ihren Musikern versprachen. Jahrhundertelang aber war Liverpools Musikszene nur eine von vielen.*

*Das änderte sich in den späten 1950er-Jahren, als mit dem **Skiffle** eine neue musikalische Stilrichtung am Mersey Einzug hielt: eine Mischung aus Folk und Jazz, oft bestimmt von einfachsten Instrumenten wie Waschbrett oder Mundharmonika. Daneben existierte der Rock 'n' Roll, dem Musiker wie Billy Fury verpflichtet waren, der die gleiche Schule wie der spätere Beatles-Drummer Ringo Starr besuchte.*

***Billy Fury,** der eigentlich Ronald William Wycherley hieß, verkörperte den Liverpooler Rock 'n' Roller. Er war der angeblich erste Brite, der in den US-Musik-Charts aufgetaucht war. Amerikanische Seeleute hatten dem 1940 geborenen Teenager auf einem Mersey-Schlepper Country- und Western-Lieder beigebracht, ehe er sich mit Skiffle und Rock 'n' Roll in den Cafés und Bars der Stadt verdingte. Am Rand des Albert Dock haben die Liverpudlians dem 1983 verstorbenen Musiker ein Denkmal gesetzt. Hin und wieder zieren es frische Blumen, Geschenke seiner Fans, die er in den 1960er-Jahren mit immer neuen Top-Twenty-Hits verwöhnte.*

Zum wirklichen Mersey-Sound aber wurde schließlich der Beat, der wegen seiner Eingangstakte und anderen Rhythmusfolge im Gegensatz zum Rock 'n' Roll musikalisch homogener wirkte. Gruppen wie Gerry and The Pacemakers fühlten sich ihm verpflichtet oder auch Cilla Black, die im Cavern Club als Garderobenfrau gearbeitet hatte, einem 1957 gegründeten Klub im Herzen der Stadt, der heute allgemein als Wiege des Mersey Beat gilt.

*1960 organisierte der **Cavern Club** die erste Beat Night mit Rory Storm and The Hurricans, an deren Schlagzeug kein Geringerer als Ringo Starr saß. Es war der Auftakt zu einer beispiellosen Konzertserie, zu einer musikalischen Revolution mit weltweiten Folgen. Cavern-Club-Größen wie Billy J. Kramer and The Dakotas, The Swinging Blue Jeans, The Remo Four, Gerry and The Pacemakers oder The Searchers etablierten den Beat, der schließlich zur Hitparaden-Marke wurde. Mehr als zweihundert lokale Gruppen, meist Gitarren-Trios oder -Quar-*

tetts spielten damals in der Stadt, von denen die Beatles später Weltgeschichte schreiben sollten.

***Grundstein der Beatles** war ein Pfarrfest im Vorort Woolton. Im Juli 1957 trafen Paul McCartney und John Lennon, der damals mit den „Quarry Men" eine von vielen Liverpooler Schülerbands formiert hatte, dort erstmals zusammen. Es war der Anfang einer Freundschaft, der die Welt später zahllose Hits verdanken sollte. Zwei Jahre später wurden aus den „Quarry Men" die „Moondogs", wieder ein Jahr später die „Silver Beatles", die als Begleitband von Tony Sheridan schließlich in Hamburg von sich reden und ihre ersten Plattenaufnahmen machten. Dort wurden ihnen auch jene Frisuren verpasst, die zum Markenzeichen der „Pilzköpfe" wurden. Im August 1962 filmte ein Fernsehteam erstmals einen Auftritt der Beatles im Cavern Club, dem kurze Zeit später mit „Love Me Do" die erste offizielle Single in Großbritannien folgte - einer von über 1,3 Milliarden Tonträgern, welche die Beatles bis heute verkauft haben.*

*Liverpools Musikszene aber war schon damals **mehr als nur die Beatles.** Neben den klassischen Gitarrengruppen gab es eine **große Country-Gemeinde** am Mersey, weshalb die Stadt von vielen auch „Nashville des Nordens" genannt wurde. Und es gab eine kleine Soul-Szene, die hauptsächlich farbige Musiker bestimmten. Dutzende von großen und kleinen Klubs boten ihnen Auftrittsmöglichkeiten, hinzu kamen Hallen und Pfarrheime, in denen sich die meist jungen Leute einem immer größer werdenden Publikum präsentieren konnten.*

*Im Jahre 1965 kam Allan Ginsberg, der Dichter der Beatgeneration, nach Liverpool, um die Stadt zum „Zentrum des Bewusstseins des Universums" zu erklären. Er propagierte **psychedelische Musik und bewusstseinserweiternde Drogen** - eine Botschaft, die schließlich auch die Beatles erreichte. Ihre Drogen- und Meditationserfahrungen schlugen sich musikalisch in neuen, experimentellen Alben nieder. Im Jahr 1970 aber war das gemeinsame künstlerische Potenzial aufgebraucht, die sogenannten „Fab Four" lösten sich auf. Drei Jahre später schloss auch der Cavern Club seine Pforten.*

Das Ende der Liverpooler Musikszene aber war das nicht - im Gegenteil. Immer wieder betraten neue Bands die Bühne, eröffneten neue Lokale, die Livemusik präsentierten. Einer war Eric's Club in der Mathew Street [J10], wo Gruppen wie Echo & The Bunnymen, Ochestral Manoevres in the Dark (OMD), The Lightning Seeds oder Frankie Goes to Hollywood ihre ersten Erfolge feierten. Ende der 1980er-Jahre aber musste auch dieser Klub schließen, da riesige Tanzhallen wie das „Cream" in Mode kamen, die auf prominente Discjockeys statt Livemusik setzten.

*Heute zeigt sich Liverpools **Musikszene bestens erholt.** Gruppen wie The Little Flames, The Coral, Ladytron oder The Zutons geben die neuen Töne in der Stadt an. Touristisch aber sind die Beatles noch immer das wirksamste Zugpferd, auf deren Spuren jährlich viele Hunderttausend Besucher wandeln. Und auch den Cavern Club gibt es längst wieder.*

Einmal jährlich platzt das Cavern Quarter aus allen Nähten: Ende August zum traditionellen **Mathew Street Festival** verwandeln sich die schmalen Gassen in eine Freiluftkonzert-Arena. Beatles-Adepten aus aller Welt lassen Liverpools goldene Musikära noch einmal aufleben. Ein verlängertes Wochenende lang feiern Einheimische und Touristen dann die größten Söhne der Stadt.

9 ST. GEORGE'S HALL ★★★ [K10]

Mit einem dreitägigen Musikfest wurde Liverpools erste große Konzerthalle 1855 in Betrieb genommen. Ein Meisterstück der Architektur, ein neoklassizistisches Juwel mit griechisch anmutendem Äußeren und römischem Inneren, das manchen Betrachter einst an Roms Caracalla-Thermen erinnerte.

Heute verbirgt sich die Ruhmeshalle Liverpools hinter gewaltigen Bronzetüren, in ihrem Mittelpunkt ein allegorisch nahezu überfrachteter Saal mit riesiger Orgel. Mozart, Beethoven und Haydn sind Namen, die sich auf den Wänden finden, und es ist ihre Musik, der Liverpools Bürger hier noch immer gerne lauschen.

039lp Abb.: gs

KLEINE PAUSE

Café im Bahnhof

*Wer nicht unbedingt mit den meist älteren Besuchern im kleinen Café in der St. George's Hall seinen Kaffee trinken will, sei das **Costa Coffee** 2 im Bahnhof gegenüber empfohlen. Dort kann man unter einem der schönsten Bahnhofsdächer Europas den Puls der Großstadt spüren.*

EXTRATIPP

Weltkultur vom Taxi aus

*Wer es individuell und stilvoll mag: Liverpools Weltkulturerbe ist auch per Taxi in Augenschein zu nehmen – oder, noch passender, in einem Oldtimer der frühen 1920er-Jahre. **Liverpool Heritage Cab City Tours** heißt das Unternehmen, das viel für anspruchsvolle Einzelreisende übrig hat. Info-Tel. 0151 5316947*

Frisch renoviert ist St. George's Hall seit Kurzem wieder täglich außer montags zugänglich. Im neuen **Heritage Center** erfährt man einiges über die Geschichte der Stadt und ihrer Bürger. Und das kleine Café im Inneren haben vor allem ältere Bürger in ihr Herz geschlossen.

Der **Platz vor der Halle** ist noch immer einer der populärsten Versammlungsorte in der Stadt. Tausende fanden sich hier nach dem Mord an John Lennon im stillen Gedenken an den Beatle zusammen. Noch mehr jubelten 2005 den Kickern des Liverpool

◄ *St. George's Hall mit der Reiterstatue von Prinz Albert*

TUDOR, GEORGIANISCH, VIKTORIANISCH – BRITISCHE ARCHITEKTURSTILE

Zur Einordnung ihrer Architekturstile benutzen die Briten Begriffe, die auf dem Kontinent weniger gebräuchlich sind. Während bei uns Romanik, Gotik, Renaissance, Jugendstil und andere Definitionen dominieren, kennen die Engländer auch Ausdrücke wie Tudor, Elisabethanisch, Georgianisch, Regency oder Viktorianisch, mit denen sie ihre Bauwerke charakterisieren. Die Stilbezeichnungen erinnern an die jeweils während der Bauzeit regierenden englischen Herrschaftshäuser.

***Tudor** zum Beispiel bezeichnet die Ära zwischen 1480 und 1600, in der vorwiegend große Land- und Bürgerhäuser entstanden, die mehr und mehr mit Ziegelsteinen verziert wurden. Typisch für diese Zeit sind Bauten mit schwarzem Fachwerk und weißer Füllung. Auch Schornsteine kommen zur Tudor-Zeit in Mode, ebenso kleine Glasfenster. Speke Hall vor den Toren der Stadt ist ein typisches Beispiel für diese Architekturepoche. Formal kaum anders sehen die **elisabethanischen Bauten** (1558–1603) aus, die als Vorläufer der britischen **Renaissance** (1603–1714) gelten. Die repräsentativen Stadthäuser dieser Zeit sind Ausdruck steigenden Wohlstands der Kaufleute.*

*Liverpools Stadthalle ❻ gehört zu den ersten Bauten des neuen **Georgianischen Stils** (1714–1810). Elegante Eingangstore und kleine Vorgärten sind typisch für diese Bauten, auch die Arkaden im Erdgeschoss. **Regency** (1810–1830), benannt nach einem Ersatzregenten, der den geistesgestörten und blinden König Georg III. vertrat, heißt die folgende Architekturepoche, die erstmals im großen Stil mit Gusseisen arbeitet – und mit Stuck, der die fast identischen Reihenhäuser mit ihren kleinen Säulengängen verziert. Mit dem **viktorianischen Stil** schließlich erobern Gusseisen und Glas die Bühne – perfekt zu sehen in Liverpools Palmenhaus im Sefton Park. Noch typischer für diese Zeit freilich sind die monotonen Reihenhäuser aus rotem Ziegelstein.*

FC zu, die sich vor St. George's Hall nach dem Gewinn der Champions League feiern ließen. Eine kurze Betrachtung sind übrigens auch die vier Steinlöwen vor der Halle wert – auch sie schon über 150 Jahre alt – und die beiden Reiterdenkmäler, die Prinz Albert und Königin Victoria zeigen.

› William Brown Street, Liverpool L1 1JJ, Tel. 0151 2256909, www.civichalls.liverpool.gov.uk, Di.–Sa. 10–17 Uhr, So. 13–17 Uhr, Eintritt frei, Bahnstation: Lime Street

❿ WORLD MUSEUM LIVERPOOL ★★ [K9]

In dem nach radikalem Umbau wiedereröffneten Museum kann man **leicht einen ganzen Tag verbringen,** da tut Auswahl Not. „Vom Ozean zu den Sternen" lautet das Motto, das sich die Museumsleute gesetzt haben – ein Anspruch, den vor allem das neue **Aquarium** und Englands einziges kostenlos zugängliches **Planetarium** erfüllen. Weltweite Beachtung genießen zudem Liverpools botanische, zoologische und archäologische Sammlungen. Vor allem Besucher, die mit Computern umzugehen wissen, kommen in den über viele Stockwerke verteilten Ausstellungen auf ihre Kosten, laden doch überall Bildschirme zum Surfen ein.

Mehr als 1500 Ausstellungsstücke aus Afrika, Asien, Amerika und Ozeanien umfassen die **ethnologischen Sammlungen**, die von Voodoo-Zauber und Magie erzählen sowie vom Leben fast ausgestorbener Völker. Zu den Highlights des Museums gehört das *Clore Natural History Center:* Tiere und Pflanzen, aber auch Steine und Mineralien kann man dort hautnah kennenlernen. Wer will, kann Spinnenbeine unter dem Mikroskop bestaunen oder steinalte Fossilien in Augenschein nehmen.

› William Brown Street, Liverpool L3 8EN, www.worldmuseumliverpool.org.uk, Tel. 0151 4784393, Bahnstation: Lime Street Station, Busstation: Queen Square, tgl. 10–17 Uhr, freier Eintritt

11 WALKER ART GALLERY ★★ [L9]

Großbritanniens älteste öffentliche Kunstgalerie **zeigt europäische Malerei und Skulptur von Weltrang.** Sechs Jahrhunderte Kunstgeschichte sind hier vereint: Gemälde, Möbel und Skulpturen vom 14. bis zum 20. Jahrhundert. Zu sehen sind vor allem frühe italienische und flämische Werke. Rubens, Rembrandt, Seurat, Cézanne, Degas, Freud, Hockney und andere gehören zu den Künstlern, deren Werke hier bestaunt werden können.

Die meisten Kunstobjekte **stammen von zwei privaten Sammlern,** die sie im 19. Jahrhundert zusammengetragen haben. Zu den ältesten

„HANDELS- UND HAFENSTADT VON WELTRANG" – AUF DEN SPUREN DES WELTKULTURERBES

Im Juli 2004 erklärte die UNESCO große Teile der Stadt zum Weltkulturerbe: Über 100 Objekte aus dem 18., 19. und frühen 20. Jahrhundert, die Liverpools Geschichte als globale Handels- und Hafenmetropole dokumentieren. Kanal- und Hafenanlagen, Docks, Börsen-, Büro- und Versicherungspaläste, eine alte Polizeistation und die prachtvollen Häuser am Pier Head 3 *stehen seitdem* ***unter dem Schutz der internationalen Völkergemeinschaft;*** *zusammen mit dem Albert Dock* 1*, der Stadthalle in der Water Street* 6*, der im Stil griechischer Tempel errichteten St. George's Hall* 9 *und den sogenannten Bluecoat Chambers* 13*. „Liverpool", so äußerten sich die Vertreter der UNESCO anlässlich der Verleihung des Weltkulturerbe-Titels, „ist ein außergewöhnliches Beispiel für eine Handels- und Hafenstadt von Weltrang". Ein Stück Geschichte, das sich heute am besten zu Fuß erschließt.*

Wer mit dem Auto durch Liverpools Innenstadt fährt, käme kaum auf die Idee, in den vielen Gebäuden rechts und links der Straße ein Stück Weltgeschichte zu sehen, das sich kulturhistorisch mit den Pyramiden von Gizeh oder dem Kölner Dom messen lassen könnte. Dass dem trotzdem so ist, liegt an ihrer Funktion, an ihrer Bedeutung in der einstigen Welthandelsmetropole. Liverpools Weltkulturerbe ist nämlich zu einem großen Teil

Zweckarchitektur, verlangt den Blick hinter die Kulissen und auch ein bisschen Wissen um Schifffahrts- und Hafengeschichte im 18. und 19. Jahrhundert. Auch um Handelsgeschichte, die sich in Börsen und Versicherungspalästen, in prächtigen Bürobauten und Banken niedergeschlagen hat. Viele der Bauten wurden in den letzten Jahren renoviert und in Restaurants und Hotelpaläste umgewandelt.

Als Einstieg in Liverpools Weltkulturerbe empfiehlt sich die Erkundung des ***Albert Dock*** *❶ und ein Gang entlang des Pier Head ❸. Wer sich noch mehr für Liverpools maritime Vergangenheit interessiert, dem sei ein Abstecher Richtung Stanley Dock empfohlen. Zwanzig Fußminuten Richtung Norden, wo man noch am besten erahnen kann, wie es in der alten Hafenstadt einst ausgesehen hat. Der Weg dorthin führt an der sogenannten* ***Dock Boundary Wall*** *entlang, einer meterhohen und fast 3 km langen Mauer, die einst die Hafenanlagen von der Stadt trennte. Als schicke Apartment-Siedlung präsentieren sich heute weite Teile des Princes Dock [H10]. Nichts erinnert mehr an die Zeiten, als Hunderttausende von Emigranten hier vom Zug aufs Schiff Richtung Amerika umstiegen. In unmittelbarer Nähe thront der* ***Stanley Dock Warehouse Complex*** *㉕, eines der interessantesten Industriedenkmäler Liverpools. Dahinter verbergen sich der einst größte Tabakspeicher und das noch immer größte Backsteingebäude der Welt. Jeden Sonntag zwischen 9 und 16 Uhr kommt Leben in die alten Bauten, halten Hunderte von Händlern beim* ***Stanley Dock Heritage Market*** *1 Kitsch und Kunst feil, Geklautes und Kopiertes, Billigware aus Asien und Afrika und viel Nippes.*

Wer weniger Zeit für seinen Spaziergang auf den Spuren des Weltkulturerbes hat, geht vom Pier Head direkt in Richtung Innenstadt. Denn nur einen Katzensprung weiter findet sich um Dale Street [J10] und Castle Street ❼ ***Liverpools historischer Kern.*** *Es ist die älteste Gegend der Stadt und noch immer auch ihr wirtschaftliches Herz.* ***The Strand*** *[I11] heißt die heute mehrspurige Straße, die das Altstadtviertel vom Pier Head trennt. Wie der Namen schon sagt, war es die einstige Uferpromenade, von der die Water Street [I10] zum Rathaus führte. Im 18. Jahrhundert noch war die Gegend vorwiegend Wohngebiet, ehe sie mit dem Bau der neuen Börse ihr Gesicht veränderte. Banken, Versicherungen und Reedereien kamen jetzt hinzu, aus dem Wohn- wurde langsam ein Geschäftsviertel.*

Herzstück der Altstadt ist die Castle Street ❼ mit der alten Town Hall ❻ am Kopfende. Kaum eine andere Straße zählt so viele geschützte Bauwerke, ist kunsthistorisch so wertvoll. Da lohnt es sich, genauer hinzuschauen, Türen und Fenster näher unter die Lupe zu nehmen, dorische und korinthische Säulen zu bewundern oder allegorische Figuren zu bestaunen – Kleinigkeiten allesamt, die in ihrer Summe aber Castle Street zu Liverpools Prachtallee werden lassen.

Zu den eindrucksvollsten Bauten zählt die ***Bank of England,*** *die hier Mitte des 19. Jahrhunderts eine*

040lp Abb.: gs

ihrer schönsten Außenstellen errichtete. Vom einstigen Glanz erzählt auch das mächtige ***Queen Victoria Denkmal*** *am Derby Square [J11], das sich heute dort findet, wo Liverpools erste Burg einst stand. Das Anfang des vorigen Jahrhunderts errichtete Monument sollte den Patriotismus der Liverpooler Bürger verkörpern, die Queen Victoria die endgültige Bestätigung ihrer Stadtrechte verdanken.*

Water *und* ***Dale Street*** *[J10], die nahtlos ineinander übergehen, zählen ebenfalls zahlreiche Kulturdenkmäler von Weltrang: Bank- und Versicherungspaläste, die ihre Vorbilder in Chicago und New York hatten. Hier und in den beiden Parallelstraßen Brunswick Street [I10] und James Street [I11] schlug Liverpools merkantiles Herz, makelten Fachleute Millionen. Vor allem die großen Schifffahrtslinien hatten hier ihre Residenzen, etwa im* ***White Star Building*** ❺ *(Ecke The Strand/James Street), das als „Albion House" besser bekannt ist. 1898 fertiggestellt, markierte es einen neuen Typus großer Verwaltungspaläste. Ein architektonisches Juwel, das in den meisten anderen britischen Städten wegen strengerer Bauvorschriften so nie hätte gebaut werden können. Mit der* ***Victoria Street*** *[J10] schlug man Mitte des 19. Jahrhunderts eine neue West-Ost-Achse durch das alte Stadtzentrum, entlang derer sich schnell neue Unternehmen ansiedelten: Lebensmittelhändler oder Produzenten von Billardtischen, deren Häuser heute ebenso zum Weltkulturerbe gehören wie die alte Post.*

Vom alten Stadtkern sind es nur gut fünf Fußminuten zur ***William Brown Street*** *[K10], Liverpools einziger Straße ohne Pubs, Wohnungen und Geschäfte. Es ist Liverpools Museumsinsel. Im 18. Jahrhundert war hier noch Heideland, säumten Windmühlen die Gegend. Erst Mitte des 19. Jahrhunderts begann man hier mit der Bebauung. Das berühmteste Gebäude an der Museumsmeile ist* ***St. George's Hall*** ❾*, das zum kulturellen Zentrum der wachsenden Großstadt wurde, ein Musentempel, der leicht erhöht über der Altstadt thronte, eine Art Liverpooler Akropolis. Heute ist St. George's Hall umbaut, daher kann man nur noch erahnen, welchen Eindruck die gewaltige Halle einst auf die Bürger gemacht haben musste.*

Schon kurz nach ihrer Fertigstellung errichtete man ihr gegenüber ein Museum nebst Bibliothek, dem weitere Galerie- und Bibliotheksbauten folgten. Rund um St. George's Hall finden sich heute auch eine Reihe kunsthistorisch bedeutsamer Brunnen und Denkmäler. Allen voran sei die vierzig Meter hohe ***Wellington-Säule*** *mit einem Bronzedenkmal des populären Kriegsherrn auf der Spitze genannt, die seit 1863 an die erfolgreichen Schlachten desselben erinnern soll. In Sichtweite daneben lenkt ein* ***Brunnen*** *aus dem Jahr 1879 die Blicke auf sich, ein Geschenk des damaligen Liverpooler Bürgermeisters. Das Original war für die Pariser Weltausstellung 1867 bestimmt und steht heute im amerikanischen Boston.*

Nach Osten schließt der ***Lime Street Bahnhof*** **⓬** *die Kulturmeile ab. Auch er gehört heute zum Weltkulturerbe. Schon 1836 gab es hier eine Endhaltestelle, ihr jetziges Gesicht aber erhielt die Station erst zwischen 1867 und 1879. Sehenswert vor allem sind die riesigen Glasdächer, die einmal die größten der Welt waren und vor kurzer Zeit neu renoviert wurden.*

Ein paar der schönsten Weltkulturerbe-Denkmäler finden sich weiter südlich rund um die ***Duke Street*** *[K11]. Nach dem Bau des Albert Dock wurde diese Gegend immer attraktiver und so baute man mit der* ***Hanover Street*** *[J11] eine neue Achse vom Hafen Richtung Stadt. Duke Street und* ***Bold Street*** *[L11] folgten, eine der ältesten Einkaufsstraßen Liverpools. Dort hatte man sich vor allem der Ausstattung der Segelschiffe und ihrer Besatzungen verschrieben. Das eine oder andere Warenhaus konnte dem Abriss bis heute entgehen, so wie* ***Thomas Parr's House*** *[L12] in der Colquitt Street, 1799 als eines der ersten Warenhäuser der Stadt errichtet.*

Einer der reichsten Liverpooler Geschäftsmänner, Bryan Blundell, der sein Geld mit Tabak- und Sklavenhandel verdiente, spendierte Liverpool 1718 die erste Armenschule, die ***Bluecoat Chambers*** *in der School Lane [K11], das heute älteste Gebäude in der Innenstadt. Mächtig Eindruck macht der Haupteingang mit seinem reich verzierten Giebel. Anno 1906 wurde die Schule verlagert und das Haus in das* ***Bluecoat Arts Centre*** **⓭** *umgewandelt, dem ersten öffentlichen Kunstzentrum Großbritanniens. Auf dem Weg von hier zurück zum Albert Dock kommt man am letzten Kulturerbe-Teil vorbei, der alten* ***Polizeistation*** *an der Ecke Argyle/Duke Street [J11], einem prächtigen Backsteinbau mit turmartigem Erker, der heute u. a. ein Restaurant beherbergt.*

› ***Weitere Informationen:***
Tel. 0151 2333000,
www.liverpoolworldheritage.com

◄ *Blick von der William Brown Street auf das Liver Bird Building*

Stücken gehört eine mittelalterliche Emaille-Plakette, die vermutlich einmal einen Buchdeckel schmückte. Besonders sehenswert ist auch ein kleines, um das Jahr 1700 gefertigtes Schränkchen mit kostbarsten Bernstein-Applikationen. Unter den Gemälden genießen ein Selbstporträt des jungen Rembrandt, Monets eisbedeckte Seine, eine Pietà des italienischen Malers Ercole de'Roberti aus dem späten 15. Jahrhundert und David Hockneys Bild eines einem Swimmingpool entsteigenden Jünglings Weltruhm.

› William Brown Street, Liverpool L3 8EL, Tel. 0151 4784199, www.thewalker.org.uk, Bahnstation: Lime Street Station, Busstation: Queen Square, tgl. 10–17 Uhr, freier Eintritt

⓬ LIME STREET ★ [L10]

Liverpools Hauptbahnhof gehört zu den ältesten in Großbritannien. In den letzten Jahren wurde der Bahnhof für 35 Millionen Pfund renoviert. Das Prunkstück des Gebäudes ist das riesige **Glasdach**, eine der kühnsten Architekturkonstruktionen des 19. Jahrhunderts. Von Lime Street aus verkehren nicht nur die Bahnen zum Flughafen Manchester, sondern auch direkte Züge nach London.

⓭ BLUECOAT ARTS CENTRE ★★ [K11]

Das neu gestylte Kunstzentrum findet sich in einem eleganten Herrenhaus, das 1717 ein Schiffskapitän für sich und seine Familie erbauen ließ. Es gilt als das älteste noch erhaltene Innenstadtgebäude. Moderner Tanz und Malerei sind hier ebenso zu Hause wie andere Formen zeitgenössischer Kunst. Galerien, Restaurant, Bar und Café stehen Stadtbummlern fast immer offen.

› School Lane, Liverpool L1 3BX, www.bluecoatartscentre.com, Tel. 0151 7095297, tgl. 12.30–22.30 Uhr, Eintritt frei (gilt nicht für Sonderausstellungen)

⓮ LIVERPOOL ONE ★★ [J11]

Wer einen Einblick in die **Zukunft des Shoppens** sucht, ist hier an der richtigen Adresse. Mitten in der Stadt haben britische Großinvestoren ein Einkaufsparadies mit künstlichem See, mehr als 150 Läden und zwei riesigen Warenhäusern geschaffen. Kleine Bars und Restaurants ermöglichen den Einkaufsbummlern Zwischenstopps auf dem Weg durch Glas und Beton und durch eine südländisch inspirierte Architektur, die Lust auf Shopping machen soll.

3000 Parkplätze unter dem Einkaufskomplex zeigen an, mit welchen Besucherströmen man hier rechnet. Ob die Rechnung aufgeht, wird sich zeigen. Ins benachbarte Manchester oder nach Leeds jedenfalls braucht künftig keiner mehr im Norden Englands zum Einkaufen zu fahren.

› Paradise Street, www.liverpool-one.com, Bahnstation: James Street

⓯ LIVERPOOL CATHEDRAL ★★★ [M12]

Rund 70 Jahre wurde an der größten protestantischen Kathedrale der Welt gebaut, die unübersehbar und einsam auf einem Hügel am Rand der Innenstadt thront.

Interessant ist die Baugeschichte der Kathedrale: Liverpools Protestanten wurden lange Zeit vom benachbarten Chester aus regiert. Mit einem eigenen Bischof aber wuchs

Ende des 19. Jahrhunderts auch der Wunsch nach einer eigenen Kathedrale, für deren Bau man schließlich den 22-jährigen Architekten Giles Gilbert Scott gewinnen konnte – ausgerechnet einen Katholiken, der sich bei seinem preisgekrönten Entwurf von den großen Kathedralen Spaniens inspirieren ließ. Weltbekannt aber wurde er erst später, als er auf Bitten des Königs erstmals eines jener roten Telefonhäuschen entwarf, die auch heute noch im ganzen Land zu finden sind. Übrigens: Mitten in der Kathedrale steht noch heute ein Exemplar dieser weltbekannten Telefonzellen.

Den ersten Gottesdienst feierten Liverpools Protestanten anno 1910 in der **Marienkapelle.** Schon deren Dimensionen ließen erahnen, wie groß die Kirche einmal werden sollte. Liverpools Geschäftswelt spendete 58 Glasfenster, eines schöner als das andere. Und an den Wänden spielten 38 Engel mit verschiedenen Instrumenten zum Lobe Gottes. Besonders prächtig geriet der Hochaltar, dessen Darstellung des Abendmahls bis heute Rätsel aufgibt. Dort nämlich fehlt Judas, über dessen Stuhl nur ein paar Kleider hängen.

1924 war der Hauptaltar fertig, 1941 schließlich der **mächtige Turm,** von dem Besucher heute einen der schönsten Blicke über die Stadt und den Mersey haben. Riesiges Glück hatte man im Krieg, traf doch nur eine einzige Bombe das Gotteshaus, die allerdings erst neben der Marienkapelle explodierte und so keinen allzu großen Schaden anrichtete. Aber erst 1978 war das ganze Gotteshaus fertig, sodass Königin Elisabeth II. die größte protestantische Kathedrale der Welt endgültig einweihen konnte. Kenner behaupten, der eigentliche Schlussstein sei aber nie gesetzt worden. Einer Liverpooler Legende zufolge werde nämlich eine große Katastrophe über die Stadt hereinbrechen, wenn die Kathedrale vollendet sei.

› St. James Mount, Liverpool L1 7AZ, www.liverpoolcathedral.org.uk, Tel. 0151 7096271, täglich 8–18 Uhr, Bahnstation: Central Station, Bus: Nr. 82 vom Bahnhof Lime Street und Nr. 4 vom Queen Square, Eintritt frei, allerdings wird eine Spende von mind. 3 £ erwartet. Führer zu kostenlosen Besichtigungstouren stehen zur Verfügung, Besuchergruppen sollten sich vorher anmelden.

▶ *Liverpool Cathedral: Englands größtes anglikanisches Gotteshaus*

LIVERPOOL CATHEDRAL IN ZAHLEN

- Der Kirchturm ist so hoch wie zwanzig übereinandergestellte Giraffen.
- Die Kirchenglocken wiegen so viel wie sechs ausgewachsene afrikanische Elefanten.
- Die Länge des Kirchenschiffes entspricht zwei Fußballfeldern.
- Auf der gesamten Kirchenfläche könnten fünfzehnhundert Mini-Cooper geparkt werden.
- Die volle Lautstärke der Orgel beträgt 120 dB, was einem startenden Flugzeug entspricht.
- In Fenstern, Altären, Gemälden und Mauerwerk sind über 250 verschiedene Tiere versteckt.

Bei gutem Wetter steht der Kirchturm werktags gewöhnlich von 10.00–15.30 Uhr sowie an jedem zweiten, vierten und fünften Sonntag im Monat zur Besichtung offen (Eintritt 4,25 £). Im Refektorium serviert man hausgemachte Speisen zu angemessenen Preisen, vom Frühstück bis zum Afternoon-Tea. Im Shop findet sich eine große Auswahl Bücher, Schallplatten und Grußkarten.

KLEINE PAUSE

Café in der Kathedrale

*Ein Geheimtipp für Citybummler ist die **Mezzanine Café Bar** 2 über dem Museumsshop der Kathedrale. Mitten in der Kirche, gegenüber herrlichen Glasfenstern, lässt es sich trefflich rasten bei Kaffee, Tee oder einem der Säfte, die hier in großer Auswahl angeboten werden.*

16 RODNEY STREET ★ [M12]

Die Parallelstraße zur Hope Street ist eine der wenigen Straßen Liverpools, die noch **weitgehend ihr altes Bild bewahrt** haben. Die am Ende des 18. Jahrhunderts angelegte Straße prägen typische Bauten aus dem späten 18. und frühen 19. Jahrhundert: Klassische, meist dreistöckige Reihenhäuser, die fast ausnahmslos unter Denkmalschutz stehen und heute nicht selten von Anwälten und Ärzten bewohnt werden. Viele Prominente wuchsen hier auf, z. B. William Ewart Gladstone, einer der einflussreichsten britischen Politiker.

In der 59 Rodney Street hatte **Liverpools berühmtester Fotograf** Edward Chambré Hardman einst sein Studio, das heute als Museum dient. Zurzeit werden seine 142.000 der Nachwelt hinterlassenen Bilder digitalisiert und katalogisiert. Die schönsten sind in seinem ehemaligen Atelier und Wohnhaus zu sehen, wo Hardman von 1948 bis 1988 zusammen mit seiner Frau lebte und arbeitete. Die Einrichtung wird vom National Trust verwaltet. Das Haus ist allerdings nur im Rahmen geführter, 90-minütiger Touren zugänglich.

- **Mr. Hardman's Photo Studio**, 59 Rodney Street, Liverpool L1 9EX, Tel. 0151 7096261, www.nationaltrust.org.uk, Mi.–So. 11.00–16.15 Uhr (Nov.–Feb. geschlossen), Eintritt: 4,95 £ (Kinder 1,40 £, Familien 12,60 £), Bahnstation: Liverpool Central

▶ *Klassische Häuserfront aus dem 19. Jahrhundert*

⑰ HOPE STREET ★★ [M11]

Beide Kathedralen verbindet die Hope Street, die **Pulsader eines der lebendigsten Viertel der Stadt.** Boutique-Hotels und Edel-Restaurants finden sich entlang der Life-Style-Meile ebenso wie Studentenkneipen, einfache Pubs und edle Bars. Tagsüber ist es das Revier vieler Liverpooler Studenten, abends kommen Theater- und Konzertgäste, locken die Klubs mit ihren Livebands.

Die Hope Street ist eine der **Flaniermeilen Liverpools**, breit und mit einigen Kunstwerken versehen. Beachtenswert ist die Skulptur an der Ecke zur Mount Street, wo der Bildhauer John King 1998 ein paar Koffer und andere Reiseutensilien aus Stein aufschichtete – eine Reminiszenz an die Studenten und Lehrkräfte am benachbarten Kunstinstitut, zu denen u. a. John Lennon, Stuart Sutcliff und Charles Dickens gehörten.

Prunkstück der Hope Street aber ist die Philharmonic Hall ⑱, Liverpools elegantestes Art-déco-Gebäude und Heimat des Royal Liverpool Philharmonic Orchestra. Schräg gegenüber befindet sich der bekannte **Pub der Philharmonie**, der Philharmonic Dining Room 2 – kein Bierlokal wie so viele „normale" Pubs, sondern ein Stück viktorianische Kneipenkultur. Zudem befindet sich im Pub die vielleicht schönste Herrentoilette Europas. Ansichtssache sicher, aber allein die Tatsache, dass selbst Frauen hin und wieder ein Blick auf die Marmor-Urinale und -Waschbecken erlaubt ist, zeigt, dass es sich hier um keine gewöhnliche Toilette handelt. Einziger Schandfleck ist der modernde Kondomautomat, der so gar nicht in das viktorianische Ambiente passt.

Gegenüber der katholischen Kathedrale findet sich das **Everyman Theatre** 4 und das Everyman Bistro, Pub und Restaurant in einem. Nicht weit weg liegt der Campus der Universität, wo in Liverpool das Herz des studentischen Lebens schlägt.

⑱ PHILHARMONIC HALL ★★ [M12]

Die Liverpooler Philharmoniker gehören zu den wenigen Orchestern der Welt, die über eine eigene Spielstätte verfügen, die Royal Philharmonic Hall. Zwar ist die 1849 erstmals errichtete Halle, die nach einem Brand 1939 **im Art-déco-Stil wiedererrichtet** wurde, Eigentum der Stadt, die Musiker aber haben sie für Jahre fest gemietet. 1995 wurde die Halle für 10,3 Millionen Pfund komplett saniert und das Foyer neu gestaltet. Manchen Betrachter erinnert die Ausmalung des Foyers an das Grab von Tutanchamun, des berühmten ägyptischen Königs.

250 Veranstaltungen stehen jährlich auf dem Programm der Philhar-

043lp Abb.: gs

aus der Taufe gehoben wurde. „Königlich" aber wurde man erst 1957.

Heute gehören die Liverpooler Philharmoniker zu den meistbeschäftigten Orchestern der Insel. **Mehr als 100 Konzerte** jährlich stehen auf ihrem Spielplan, zwei Drittel davon in Liverpool. Zum Repertoire gehören alle Symphonien Beethovens, Klassiker von Strauss, Smetana, Mahler, Dvořák, Britten und Rachmaninov. Man hat sich aber auch moderner Musik verschrieben. Häufig gibt es Weltaufführungen zeitgenössischer Komponisten. Ein Besuch der Philharmonic Hall lohnt sich immer, auch bei Gastspielen anderer Künstler.

› Hope Street, Liverpool L 1 9BP, Tel. 0151 7093789, www.liverpoolphil.com, Ticketverkauf: Mo.-Sa. 10-17.30 Uhr, So. 12-17 Uhr (nur telefonisch), Bahnstation: Lime Street

monic Hall, Konzertabende oder Lichtspielvorführungen, die jährlich gut 250.000 Zuschauer erleben. Spezialität der Hall ist eine Leinwand für klassische Filme, die oftmals von einem Film-Organisten live begleitet werden. Die Halle verfügt über eine der wenigen, eigens für den Filmbetrieb gebauten Orgeln.

Die Liverpooler Philharmoniker sind das erste klassische Orchester, das ein **Konzert im Cyberspace** gab. Am 14. September 2007 zeigten sich die Musiker auf der Internet-Plattform „Second Life", gaben so klangvoll ihren Einstand im World Wide Web. Die Ursprünge des Orchesters reichen in die 1840er-Jahre zurück, als es im Rahmen einer Wohlfahrtsorganisation

▲ *Kofferkunst in der Hope Street*

⓳ METROPOLITAN CATHEDRAL OF CHRIST THE KING ★★ [M11]

Nur ein paar Gehminuten von der protestantischen Kathedrale ⓯ entfernt, verbunden durch die Hope Street, findet sich die katholische Kathedrale, die eigentlich noch größer hätte ausfallen sollen. Als den Bauherren jedoch das Geld ausging, wurde man bescheidener und architektonisch wagemutiger. So entstand ein **sehenswerter Glas- und Betontempel:** ein kreisrunder Zweckbau, umgeben von einem Kranz kleiner Kapellen. 2300 Sitze scharen sich um den Altartisch in der Mitte, über den sich eine farbige Glaskuppel wölbt, die im Lauf eines sonnigen Tages verschiedenfarbige Lichter wirft.

Inspiriert von Englands größter anglikanischer Kirche, der Liverpool Cathedral, suchten auch die Katholiken der 1850 gegründeten Diözese

Liverpool nach einem repräsentativen Gotteshaus. 1933 legten sie so den Grundstein für die Metropolitan Cathedral of Christ the King. Noch mächtiger als ihr protestantisches Gegenstück sollte sie werden, mindestens so groß wie der Petersdom in Rom, ein **unübersehbares Bollwerk katholischen Glaubens.** Doch der Krieg machte dem Größenwahn ein Ende. 1958 war gerade einmal die Krypta fertig, für den Rest fehlte das Geld. Nach ausführlichem Kassensturz plante man realistisch weiter und ließ sich vom Geist der Liturgiereform, die mehr Wert auf innere als auf äußere Werte legt, neu beseelen.

Nach nur fünfjähriger Bauzeit wurde das neue Gotteshaus 1967, 11 Jahre vor Vollendung der protestantischen Kathedrale, eingeweiht. Besuchern zugänglich ist auch die **Krypta**, die einen Eindruck von der Größe verschafft, die einmal für den Bau des Gotteshauses geplant war. Heute sind dort Werkstätten untergebracht sowie eine Foto- und Gemäldeausstellung zur Kirchengeschichte. Den Eingang zum Grab dreier Bischöfe, der sogenannten „Rolling Stone Chapel", versperrt ein riesiger, runder, rollender Stein, der einmal jährlich die Kapelle in der Krypta für ein paar Stunden verschließt und zu Ostern feierlich zur Seite geschoben wird.

Das der Kirche angeschlossene Visitor Center hält eine große Auswahl von Souvenirs bereit, außerdem gibt es ein Café für den kleinen und großen Hunger zwischendurch.

› Mount Pleasant, Liverpool L3 5TQ, Tel. 0151 7099222, www.liverpoolmetrocathedral.org.uk, tgl. 8–18 Uhr (im Winter sonntags bis 17 Uhr), Bahnstation: Lime Street, Eintritt frei, allerdings wird eine Spende von mind. 3 £ erwartet, kostenlose Führungen

7 DAS LIVERPOOL DER BEATLES

Quer über die Stadt und ihre Vororte sind die Gedenkstätten an die Fab Four verteilt: Häuser, Straßen und Gebäude, die an die Beatles, ihre ersten großen Auftritte und an viele ihrer Songs erinnern. Die bekanntesten Schauplätze werden im Rahmen der *Magical Mystery Tour* angefahren. Der National Trust fährt zudem zweimal täglich zu den Elternhäusern von John 20 und Paul 21. Wer will, kann aber auch auf eigene Faust zu den Beatles-Schauplätzen pilgern.

› **Magical Mystery Tour:** Zweistündige tägliche Busrundfahrt ab Albert Dock um 14.10 Uhr, Haltestelle Gower Street, oder um 14.30 Uhr ab Tourist Information Centre, 08Place, Whitechapel 8, Preis: 12,95 £ pro Person. Die Tour endet gegen 16.30 Uhr im Cavern Club 3 in der Mathew Street. Zusätzliche Tour am Wochenende, an Feiertagen und in den Schulferien um 11.40 Uhr (bzw. 12 Uhr). Es empfiehlt sich, Tickets vorzubestellen unter Tel. 0044 (0)151 2369091

EXTRATIPP

Fabcabs – Mit dem Taxi zu den Beatles

Wer will, kann sich auch mit dem Taxi zu den verschiedenen Beatles-Gedenkstätten chauffieren lassen. Fabcabs heißt die Tour, bei der man von einem persönlichen Guide im Hotel abgeholt wird. Die Rundfahrt dauert bis zu zwei Stunden.

› *Tel. 0151 9091964, www.fabcabsofliverpool.com, Preis: 35–55 £ für bis zu 5 Personen*

(Mo.–Fr. 9.30–16.30 Uhr) oder unter bookings@liverpoolmagicalmysterytour.co.uk. Achtung: Keine Kartenrückgabe möglich!

› **Empire Theatre** [4], Lime Street, Liverpool City. Liverpools größte Bühne gehörte zu den ersten Beatles-Spielstätten. Hier waren die „Quarry Men" ebenso zu Gast wie die „Moondogs." 1965 gaben die Beatles hier ihr letztes Konzert in Liverpool.

❾ **St. George's Hall,** Lime Street, Liverpool City. Schauplatz eines Künstler-Balls, den die Beatles 1960 mitgestaltet hatten und der im totalen Chaos endete. 1980 versammelten sich Zehntausende auf dem Platz vor der Halle, um des ermordeten John Lennon zu gedenken.

★**94** [L11] **Britannia Adelphi Hotel,** Ranelagh Place, Liverpool City. Das einstige Luxushotel ist Schauplatz der jährlichen Beatles Convention Ende August, dem größten Treffen von Beatles-Fans in England. Vor allem Sammler von Beatles-Devotionalien kommen hier auf ihre Kosten.

★**95** [L11] **Lewis's Store,** Ranelagh Street, Liverpool City. Das Dach des betagten Warenhauses war 1962 Schauplatz eines ungewöhnlichen Beatles-Konzertes. Eine Zeit lang arbeitete Paul dort auch als Aushilfsfahrer. John und Cynthia trafen sich regelmäßig unter der riesigen Nackt-Statue vor dem Kaufhauseingang, den die Liverpudlians „Dickie Lewis" nennen.

044lp Abb.: gs

⓲ **Philharmonic Hall,** Hope Street, Liverpool City. Einmal jährlich sollen die Schüler John, George, Paul und Ringo hier ein Konzert des Royal Philharmonic Orchesters besucht haben. Später wurde der Klangkörper hin und wieder von George Martin dirigiert, dem Musikproduzenten, der oft als der „fünfte Beatle" bezeichnet wurde. 1999 hatte die digitalisierte und neu abgemischte Fassung des Films „Yellow Submarine" in der Philharmonic Hall ihre England-Premiere.

★**96** [M12] **Liverpool Institute for Performing Art,** Mount Street, Liverpool City. Paul und George gingen hier bis 1960 zur Schule. Aus der einstigen Eliteschule ist inzwischen Liverpools führende Kunstschule geworden, an der Paul inzwischen auch die eine oder andere Stunde als „Lehrer" verbracht hat.

› **Jacaranda Club** [3], 23 Slater Street, Liverpool City. Eine der Lieblingskneipen der Beatles während ihrer Studentenzeit. Für ein paar Drinks und Bohnen auf Toastbrot traten sie auch das eine oder andere Mal auf. Der 1996 renovierte Klub hat mit dem der Beatles allerdings nicht mehr viel gemeinsam.

★**97** [O15] **Ringo Starrs Haus,** 10 Admiral Grove, Liverpool 8. Das schmale, weiß getünchte Backstein-Reihenhaus im Dingle-Viertel, besser bekannt als „Ringo-Land", war das Elternhaus des Beatles-Schlagzeugers. Wegen des Fan-Rummels zogen Ringos Eltern 1965 in einen Luxus-Bungalow im Stadtteil Woolton, den der Sohn ihnen spendiert hatte.

★**98** [W15] **Penny Lane,** Liverpool 18. Liverpools weltbekannte Straße („Penny Lane is in my ears and in my eyes") ist eigentlich ein Platz, „The Penny Lane Roundabout". Hier treffen sich verschiedene Straßen, deren kleinste die Penny Lane ist. Den im Lied besungenen Barber Shop findet man noch heute ebenso wie die Bank und die alte Bushaltestelle („The shelter in the middle of the roundabout"). In der gegenüberliegenden Halle der St.-Barnabas-Kirche spielten die „Quarry Men" in den späten 1950er-Jahren hin und wieder samstagabends zum Tanz auf. Mit dem Lied „Penny Lane" wollte John, der dort um die Ecke aufgewachsen war, an seine Kindheit erinnern.

★99 [W12] **George Harrisons Geburtshaus,** 12 Arnold Grove, Wavertree, Liverpool 15. Am 25. 02. 1943 kam der jüngste der Beatles in diesem roten Backsteinhaus im Wavertree-Viertel zur Welt. Für das Reihenhäuschen zahlte sein Vater, ein Busfahrer und ehemaliger Schiffsstewart, anfangs ganze 24 £ Miete im Jahr. 1950 zogen die Harrisons in ihr neues Domizil im Stadtteil Speke.

★100 [b18] **Strawberry Field,** Beaconsfield Road, Woolton, Liverpool 25. Ein rot gestrichenes Eisengitter und zwei Sandsteinpfeiler mit der Aufschrift „Strawberry Field", dahinter ein verwildertes Grundstück – mehr sieht der Tourist meist nicht von der Anlage, die John Lennon zu seinem weltberühmten Song inspirierte. Einst stand hier ein Haus der Heilsarmee.

★101 [e18] **St. Peter's Church,** Church Road, Woolton, Liverpool 25. Im Garten hinter der Kirche traf am 06. 06. 1957 Paul McCartney erstmals auf John Lennon, der dort mit seinen „Quarry Men" gastierte. Paul spielte John ein paar Lieder vor, was den Beginn einer in der Musikgeschichte beispiellosen Zusammenarbeit markierte.

★102 [f16] **George Harrisons Haus,** Uptown Green, Speke, Liverpool 24. 1950 waren die Harrisons hierher gezogen. Es blieb bis 1962 Familiensitz, ehe die Eltern angesichts des Rummels um ihren Sohn noch einmal umzogen. Kaum zu glauben: Anlässlich der Hochzeit von George's Bruder Harry spielten die „Quarry Men" im Dezember 1958 in dem Reihenhäuschen zum Tanz auf.

› **Paul McCartneys erstes Haus,** Sunbury Road, Anfield, Liverpool 4. Nach ihrer Heirat 1941 hatten Pauls Eltern das Haus bezogen, in dem der junge McCartney aufwuchs. Anschließend zog die Familie immer wieder um, bis sie schließlich in der Forthlin Road ihr endgültiges Zuhause fand.

★104 [W4] **Pete Bests Haus und Casbah Coffee Club,** 8 Hayman's Green, West Derby, Liverpool 12, www.casbahcoffeeclub.com. Zur Eröffnung des Klubs im Erdgeschoss des Hauses 1959 gaben die „Quarry Men" ein Konzert, 44 weitere Auftritte folgten. Es war das Elternhaus von Pete Best, der bei den ersten Ham-burger Beatles-Konzerten hinter dem Schlagzeug saß. Das Haus kann nach Anmeldung im Rahmen geführter Touren besichtigt werden.

› **Litherland Town Hall,** Hatton Hill Road, Litherland. Die ehemalige Stadthalle gilt als Geburtsstätte der „Beatlemania". Unmittelbar nach ihrem ersten Hamburger Gastspiel Anfang der 1960er-Jahre begeisterten die Beatles hier erstmals die Massen. Da die Gruppe bis dahin nur im Norden der Stadt gespielt hatte, glaubten manche, die Musiker in den Lederjacken seien eine deutsche Rockband.

★106 [I24] **Hulme Hall,** 23 Boilton Road, Port Sunlight Village, Wirral. In der kleinen Halle des Dörfchens spielten die Beatles am 18. August 1962 erstmals in der Originalbesetzung. Es war Ringos erster Auftritt mit der Gruppe.

› **George Harrisons Haus,** 174 Mackets Lane, Hunts Cross, Liverpool 25. Hier lebten die Harrisons ab 1962. An manchen Tagen wurde die Fan-Post gleich säckeweise angeliefert. 1965 aber wurde Harrisons Vater der Rummel um seinen Sohn zu viel. Er schmiss seinen Job als Busfahrer und zog in ein Haus nach Warrington.

◀ *Strawberry Field*

045lp Abb.: gs

ERLEBENSWERTES AUSSERHALB DES ZENTRUMS

Auch außerhalb seiner engen Stadtgrenzen hat Liverpool einiges zu bieten. Vor allem die Jugendstätten der Beatles, ihre Schulen, Wohnungen und ersten Auftrittsorte, liegen außerhalb des Stadtkerns. Auch finden sich dort einige sehenswerte Parks und das Szeneviertel Lark Lane im Stadtteil Aigburth. Vor den Toren der City liegen zudem die Spielstätten der beiden Liverpooler Traditions-Fußballklubs.

ELTERNHÄUSER VON LENNON UND MCCARTNEY

Die beiden touristisch interessantesten Beatles-Gedenkstätten, die Elternhäuser von John Lennon und Paul McCartney, gehören inzwischen dem National Trust und können **nur im Rahmen organisierter Touren** besichtigt werden. Morgens und abends gibt es eine Bustour zu den beiden Museumsstätten, die einen guten Einblick in die häusliche Welt der Beatles bieten.

› telefonische Buchung für die Morgentour aus der Innenstadt: Tel. 0870 9000256, telefonische Buchung für die Nachmittagstour: Tel. 0151 4277231, www.nationaltrust.org.uk/beatles (auch Online-Buchungen), Touren: März–Okt. Mi.–So., Ticket: 13 £ (Kinder 2 £)

20 JOHN LENNONS HAUS ★★ [b17]

Als Fünfjähriger zog John zu Onkel und Tante. Viele Stunden übte der Schüler in der Menlove Avenue auf seiner Gitarre, was Tante Mimi zu dem berühmten Ausspruch gebracht haben soll: „Das mit dem Gitarrenspielen ist ja alles in Ordnung, aber davon wirst du niemals leben können". In dem Haus, in dem Lennon mit drei Katzen und einem Hund aufwuchs, schrieb er Songs wie „Please Please Me" oder „I Call Your Name".

2002 kaufte Yoko Ono das Haus und schenkte es dem National Trust. Die Museumsspezialisten richteten das Haus inzwischen wieder so her wie damals, als der 23-jährige John seiner Heimatstadt den Rücken kehrte und nach London übersiedelte.

› Mendips' 251 Menlove Avenue, Liverpool 25

21 PAUL MCCARTNEYS HAUS ★★ [Z19]

1955 zogen die McCartneys in den Liverpooler Vorort Allerton. Schon ein Jahr später starb die Mutter und so lastete die Erziehung der Kinder ganz auf der Tante und dem Vater. Immer wieder soll sich Paul zum Musizieren ins Bad zurückgezogen haben, das er wegen seiner besonderen Akustik schätzte. Später gehörte John Lennon zu den Stammgästen im Hause McCartney. In gemeinsamer Arbeit entstanden immer neue Songs wie z. B. „I saw her standing there".

Nach der triumphalen Amerika-Tournee 1964 kaufte John seinem Vater ein neues Haus auf der anderen Seite des Mersey. 1996 erwarb der National Trust das alte Haus, der es wieder ungefähr so herrichten ließ, wie es Paul einst verlassen hatte. Fotos von Paul's Bruder Mike geben im kleinen Museum Einblick in das Leben der Familie McCartney in der Forthlin Road.

› Forthlin Road, Allerton, Liverpool 18

22 LARK LANE ★ [Q16]

Im Süden Liverpools, ein paar Taxi- oder Busminuten (Linie 82) von der Innenstadt entfernt, liegt der Stadtteil Aigburth mit der Lark Lane. Nur ein paar Hundert Meter ist das Sträßchen lang, für die Liverpudlians ist es jedoch **eine der wichtigsten Ausgeh-Adressen.** In keinem anderen Stadtteil drängen sich Restaurants und Cafés so dicht aneinander, findet sich eine so große Auswahl an Essensmöglichkeiten.

War die Lark Lane vor Kurzem noch eher eine alternative Adresse, in der sich Trödler und Antiquitätenshops neben Autowerkstätten und kleinen Läden fanden, ist sie heute auch Anlaufziel von Managern und Angestellten. Jüngstes Beispiel ist das Negresco [3], ein Mischung aus Bar und Restaurant, Café und Klub mit vielen kleinen Kuschelecken. Das kulinarische Angebot entlang der Lark Lane ist vielfältig, reicht vom Chinesen bis zum Türken.

23 ANFIELD ROAD ★★ [O4]

An der Anfield Road **schlägt Liverpools Herz.** Es ist der älteste und renommierteste Fußballplatz der Stadt, die Spielstätte des legendären Liverpool FC. Seit 1994 verfügt das Stadion allerdings nur noch über Sitzplätze, wodurch ein Teil der Atmosphäre verloren gegangen ist. Allerdings sind die Tage des rund 45.000 Zuschauer fassenden Stadions inzwischen gezählt, denn der Verein baut derzeit eine neue, größere Spielstätte.

„Einige Leute halten Fußball für einen Kampf um Leben und Tod. Ich mag diese Einstellung nicht. Ich versichere Ihnen, dass es viel ernster ist!" Dieser Satz stammt von **Bill Shankly, dem legendären Trainer des Liverpool FC.** Vor dem großen

◄ *Lark Lane: Liverpools Amüsiermeile im Stadtteil Aigburth*

Stadioneingang haben die Liverpudlians ihm ein Denkmal gesetzt. Bill Shankly formte den Verein erstmals zu einem Spitzenklub. Für ihn war der Teamgeist wichtig, eine Mannschaft nur als Kollektiv erfolgreich.

Liverpool wurde mehrfach englischer Fußballmeister. Diese Triumphe krönte der Klub 1973 mit dem Gewinn des Europapokals gegen Borussia Mönchengladbach. Wenig später gewann man erstmals den Cup der Landesmeister, dem weitere internationale Erfolge folgten. 1985 endete die glorreiche Phase jäh, als sich Liverpool-Fans im **Brüsseler Heysel-Stadion** anlässlich des Pokalendspiels der Landesmeister eine Schlacht mit den Anhängern von Juventus Turin lieferten. In der folgenden **Massenpanik** starben 39 Menschen, Liverpool wurde für sieben Jahre von allen internationalen Wettbewerben ausgeschlossen.

Vier Jahre später ereilte den Verein eine **weitere Katastrophe.** Bei einem **Pokalspiel in Sheffield** wurden 96 Liverpool-Fans in einem völlig überfüllten Stadion zu Tode gedrückt, Menschen zwischen 10 und 62 Jahren, an die heute eine meist mit frischen Blumen geschmückte Gedenktafel an einem der Stadioneingänge mahnt.

An die sportlichen Erfolge erinnert das im Eingangsbereich gelegene **Museum,** das man auch unabhängig von der Stadiontour besichtigen kann. Dort gibt es zwei interessante Filme zu sehen, unter anderem eine Zusammenfassung des geschichtemachenden Champions-League-Finales 2005 (Eigenwerbung: „The Greatest football game ever played"), in dem Liverpool in Istanbul den AC Mailand nach einem dramatischen Match inklusive Verlängerung im Elfmeterschießen besiegte.

„BLUES" UND „REDS" – LIVERPOOLS TRADITIONSKLUBS

*Liverpools Herz schlägt vor allem auf seinen Fußballplätzen. An der Anfield Road, wo der Liverpool FC zu Hause ist. Und im Goodison Park, dem Stadion des Everton FC. Die beiden Klubs sind das sportliche Aushängeschild der Stadt. Kicker-Gemeinschaften, die Zehntausende von Fans haben – und Hunderttausende von Sympathisanten in aller Welt. Die **„Merseyside-Derbys"**, die Partien zwischen den „Roten" und „Blauen", gehören zu den emotionalsten Fußballspielen auf der Insel und zum jährlichen Höhepunkt der Fußballsaison.*

Fußball in Liverpool hat eine lange Tradition. Schon 1884 baute man an der Anfield Road das erste große Stadion, damals war es jedoch noch die Heimstatt des Everton Football Club. Im Streit um Pachtgebühren aber entschloss sich der Verein 1892, in den benachbarten Goodison Park umzuziehen. Um das verwaiste Anfield-Stadion neu zu füllen, gründete man schließlich den Liverpool FC, der von da ab an der Anfield Road zu Hause war.

Everton ist der älteste Fußballverein der Stadt. Traditionell spielt er in blauen Trikots, weshalb die Liverpudlians ihn nur „The Blues" nennen. 1878 wurde er von einer Kirchengemeinde gegründet. Dies ist der Grund dafür, dass der Klub unter den Katholiken noch heute besonders viele Anhänger hat und unmittelbar ans Stadion eine Kirche grenzt. In roten Trikots spielen „The Reds", die Kicker des Liver-

pool FC, die in den letzten Jahren auch sportlich erfolgreicher waren. Deutsche Nationalmannschafts-Kicker wie Dieter Hamann, Christian Ziege oder Karlheinz Riedle fühlten sich in Liverpool ebenso wohl wie die englischen Fußball-Idole Michael Owen, Ian Rush oder Steven Gerrard.

In der wirtschaftlich schwierigsten Zeit der Stadt, Ende der 1960er- bis Mitte der 1980er-Jahre, wurde der ***Fußball zum Hoffnungsanker*** *der Menschen, zum Ausdruck eines unbändigen Überlebenswillens. Heute verkörpert die Fußballhymne „You'll Never Walk Alone“ diesen Willen, die bei jedem Heimspiel durch die Anfield Road hallt – so wie längst auch auf vielen deutschen Fußballplätzen.*

Eigentlich ist ***„You'll Never Walk Alone“*** *ein Musical-Finale. 1945 hatten Richard Rodgers (Musik) und Oscar Hammerstein II (Text) den Song für eine Broadway-Produktion komponiert. Das Lied sollte damals die Amerikaner trösten, die zu Zehntausenden in Europa Kriegsdienst leisteten. Noch im selben Jahr erreichte der Song in der Version mit Frank Sinatra die Hitparaden. Heute ist das Musical vergessen, sein musikalischer Schluss aber weltberühmt. Das liegt nicht nur an den zahlreichen Versionen des Liedes, an denen sich Weltstars wie Aretha Franklin, Louis Armstrong, Shirley Bassey, Placido Domingo, Johnny Cash, Barbra Streisand, Mario Lanza, Dionne Warwick, Elvis Presley und die Toten Hosen versuchten, sondern vor allen Dingen an den Liverpooler Fußballfans. Im Stadion an der Anfield Road nämlich wurden seit den 1960er-Jahren die Fans mit populären Schlagern auf die Spiele eingestimmt. Dazu gehörte auch „You'll Never Walk Alone“ in der Version des Liverpooler Sängers Gerry Marsden. 1963 hatte er den Song zusammen mit seinen Pacemakers auf Schallplatte aufgenommen, die schnell zur Nummer eins der britischen Hitparade avancierte.*

Als eines Tages die Tonanlage beim Abspielen des Liedes im Stadion ausfiel, sangen die Liverpudlians auf den Rängen einfach weiter. Und weil es ihnen so großen Spaß gemacht hatte, sangen sie von da ab bei jedem Heimspiel diese, nunmehr ihre Hymne. Dem Liverpooler Beispiel folgten andere englische Vereine, schließlich auch der deutsche Kultklub FC St. Pauli. Heute sind es mehr als ein Dutzend deutscher Bundesligavereine, in deren Stadien das Lied vor jedem Spiel von den Fans gemeinsam angestimmt wird. „You'll Never Walk Alone“ gilt als der Fußball-Hit schlechthin. Als patriotische Hymne aber auch, die Frank Sinatra zur Amtseinführung des US-Präsidenten George Bush Senior vortrug.

046lp Abb.: gs

▲ *Im Fußball nur beim Jubiläum der Stadt vereint – Blues and Reds*

SONGTEXT: YOU'LL NEVER WALK ALONE

When you walk through the storm
Hold your head up high
And don't be afraid of the dark
At the end of the storm
There's a golden sky
And the sweet silver song of the lark
Walk on, through the wind
Walk on, through the rain
Though your dreams be tossed
and blown
Walk on, Walk on, with hope
in your heart
And you'll never walk alone...

Stadionführungen finden meist vormittags statt und dauern in der Regel 75 Minuten. Dabei lernt man unter sachkundiger Führung Mannschaftskabinen und Umkleideräume kennen. Vor allem aber das Stadion selbst, in das jeder Besucher im Rahmen der Führung unter dem Lärm von 40.000 Fußball-Fans einzieht – der Stadiontechnik sei Dank!

Nach **Tickets** steht man an den 18 Schaltern an der Anfield Road meist vergeblich an. Etwas Besserung könnte das neue, große Stadion bringen, dessen Bau in Reichweite des alten beschlossene Sache ist. Viele Hundert Millionen Pfund wollen die neuen Vereinschefs, zwei amerikanische Sport-Unternehmer, in die neue Spielstätte investieren, die mindestens 60.000 Zuschauern Platz bieten soll. Die beiden US-Investoren hatten den Klub Anfang 2007 für umgerechnet 714 Millionen Euro gekauft und angekündigt, Liverpool zur Nummer eins im europäischen Fußball zu machen.

0471p Abb.: gs

› **Liverpool FC Stadion Tour und Museum,** Anfield Road, Liverpool L4 0TH, Tel. 0151 2606677, www.liverpoolfc.tv, Museum: tgl. 10–17 Uhr (außer an Spieltagen), Anreise: Bus 26 ab Innenstadt, Eintritt: 10 £ (Kinder 6 £, Familien 25 £)

24 GOODISON PARK ★ [N2]

„Grand Old Lady" nennen die Einheimischen Liverpools zweites großes Stadion, den Goodison Park, die **Spielstätte des Everton FC.** Als erster großer englischer Fußballplatz verfügte das Stadion über eine Rasenheizung und auch den ersten Besuch eines britischen Monarchen in einem Fußballstadion konnte der Goodison Park 1913 mit der Visite König Georg V. für sich verbuchen.

Everton gehörte zu den Gründungsmitgliedern der 1888 ins Leben gerufenen englischen Fußball-Liga, in deren oberster Spielklasse der Verein fast immer vertreten war. Zu seinen Kicker-Idolen zählte zuletzt Wayne Rooney. Im Oktober 2002 schrieb er Fußballgeschichte, als er mit seinem Siegtor die fast ein Jahr lang in Ligaspielen unbesiegte Mannschaft von Arsenal London vom Sockel stürzte. Sehen lassen können sich übrigens auch die Frauen des **Everton Ladies Football Club (LFC)**, die zu den besten englischen Fußballdamen gehören.

Beim Heimspiel gegen den Liverpool FC im September 1948 quetschten sich fast 80.000 Zuschauer in das Stadion mit seinen vier Tribünen. Heute bietet der Goodison Park gut 40.000 Zuschauern Platz, da es aus Sicherheitsgründen keine Stehplätze mehr gibt. Doch der Everton FC hat Ende 2007 den Bau eines neuen, größeren Stadions beschlossen. Wie beim Liverpool FC gibt es auch hier eine mehr als **einstündige Führung durch das Stadion.**

› **Everton Stadion Tour,** Goodison Park, Goodison Road, Liverpool L44 EL, Tel. 0870 4421878, www.evertonfc.com, Eintritt: 8.50 £ (Kinder 5 £, Familien 20 £)

25 STANLEY DOCK WAREHOUSE COMPLEX ★★ [H6]

Die Hafengebäude in Liverpools Norden sind mit die letzten, die vom einstigen industriellen Reichtum der Hafenstadt zeugen. Kern des Stanley Dock Warehouse Complex ist das Tobacco Warehouse, mit 27 Millionen Steinen das größte Backsteingebäude der Welt. Beachtenswert sind auch die umliegenden, leider immer mehr verfallenden Reste der Hafenanlagen. Sonntags findet hier ein großer, überaus empfehlenswerter Flohmarkt statt (Stanley Dock Heritage Market 1).

› Regent Road (Vauxhall Area), Anreise am besten mit Taxi oder ab Bahnstation Chapel Street 25 Minuten zu Fuß entlang der alten Hafenanlagen Richtung Norden

◄ *Seine Tage sind gezählt: das Stadion an der Anfield Road*

ERLEBENSWERTES IN DER UMGEBUNG

Viele Hundert Kilometer Strand, weite Dünen, satte Wiesen, grüne Hügel, beschauliche Städtchen, urige Dörfer. Merseyside, Liverpools Hinterland, hat viele Gesichter. Sefton, Southport, Knowsley und St. Helens finden sich im Osten und Norden Liverpools, im Westen die Halbinsel Wirral, ein ehemals selbstständiger Mini-Staat der Wikinger.

Touristisch hat Wirral einiges zu bieten, allen voran das neue **Spaceport** in Seacombe, ein acht Millionen Pfund teurer Themenpark, den die Mersey-Fähren direkt ansteuern. Hier dreht sich alles um den Weltraum, um Sterne und Gestirne. Spektakulär ist der 2007 installierte Space Dome mit seiner 360-Grad-Leinwand. Geschichtsbewusste und alle, die es ein bisschen ruhiger mögen, sind in **Port Sunlight** besser aufgehoben. Hierbei handelt es sich um eine alte industrielle Mustersiedlung, die heute komplett unter Denkmalschutz steht. Bauherr des Dorfes war der Industrielle William Hesketh Lever, der sein Geld mit der Herstellung von Seifen und Reinigungsmitteln verdiente. Levers Siedlung bestand neben den schwarz-weißen Fachwerkhäusern für die Arbeiter aus einer Schule, einer Kantine, einem Konzertsaal und einem kleinen Hospital. Die Anlage verschafft gute Einblicke in das industrialisierte England des späten 19. Jahrhunderts.

Ansonsten aber prägt viel Natur die Halbinsel Wirral, wilde Küstenlandschaften und ein paar kleinere Städte wie **Wallasey, Bebington** oder **Birkenhead.** Hier lockt der **Birkenhead Park,** eine kleine grüne Oase, geschaffen zwischen 1843 und 1847. Dieser soll weltweit der erste öffentliche Park gewesen sein, Vorbild des berühmten Central Park in New York. Beschaulich geht es im Dörfchen **West Kirby** zu, auf dessen vorgelagerten Sandbänken sich atlantische Kegelrobben wohlfühlen. Naturfreunde und Wanderer kommen auf der Halbinsel Wirral immer auf ihre Kosten. Menschen, die sich den Wind der Irischen See gern um die Nase wehen lassen, die Ruhe suchen, frische Luft und das Rauschen des Meeres.

Ein bisschen gilt das auch für **Southport**, wo der feine Sandstrand, einer der längsten in Europa, mit einer der einst schönsten englischen Uferpromenaden konkurriert. Schmuckstück sind die viktorianischen Geschäftsarkaden. Eine neue Indoor-Badelandschaft mit dem schönen Namen „Splashworld" lockt in Southport seit Kurzem ebenso wie eine der größten Miniatureisenbahnanlagen Englands.

Runde 15 km von Liverpools Innenstadt weg liegt **Knowsley**, ein kleines Naturparadies mit dem **National Wildflower Centre** und einem **Safari Park**, in dem man Löwen, Tigern und Elefanten begegnen kann. Außerdem gibt es im Park ein Seelöwen-Haus mit regelmäßigen Show-Vorführungen und eine Farm mit Schweinen, Rindern, Hasen, Eseln und anderen Haustieren.

Auch rund um **St. Helens** locken Parks und Grünflächen, bieten sich vor allem für Reiter ungeahnte Ausflugsmöglichkeiten. Und auch das kleine Städtchen selbst ist mit seinen Cafés und Geschäften immer einen Zwischenstopp wert. Wer Sinn für eine farbige Unterwasserwelt hat, sollte das **Blue Planet Aquarium** in Ellesmere Port besuchen. Spektakulär ist sein 70 m langer gläserner Tunnel mitten durchs Wasser. Neben Fischen locken im Blue Planet Aquarium auch Amphibien wie beispielsweise die giftigsten Frösche der Welt. Die seltenen roten Eichhörnchen trifft man im **Red Squirrel Reserve**, einer guten Adresse für alle Naturfreunde.

Infos und Unterkunftsadressen

› **North West Tourist Board,** Renaissance House, P.O.Box 37, Centre Park, Warrington WA1 1XB, venw@nwda.co.uk, www.visitenglandsnorthwest.com

26 SPACEPORT ★ [E10]

Hier dreht sich alles um das Thema Weltraum. Wer will, kann sich als Astronaut virtuell austoben. Spaß und Grusel gibt es in der Alien Zone.

› Victoria Place, Ferry Terminal Seacombe, Wirral CH44 6QY, Tel. 0151 3301333, www.spaceport.org.uk, Di.-So. 10.30-17.30 Uhr (letzter Einlass 16 Uhr), Eintritt: 7,50 £ (Kinder 5 £, Familien 21 £, verbilligter Eintritt zusammen mit einem Fährticket), Bahnstation: Hamilton Square

27 PORT SUNLIGHT VILLAGE ★★ [H23]

Die Firmengeschichte des 1888 gegründeten Gartendorfs erzählt eine Ausstellung im Heritage Center (95 Greendale Road), ein Village Trail führt den Besucher über das Gelände – auch zur berühmten Lady Lever Gallery, einer einmaligen Kunstsammlung. Hier finden sich vor allem Möbel, Porzellan und Gemälde aus dem 18. und 19. Jahrhundert.

Anreise: Mit der Fähre von Liverpool nach Woodhead, von dort verkehrt gelegentlich ein Oldtimerbus zum Dorf. Bahnstation: Port Sunlight.

› 23 King George's Drive, Port Sunlight, Wirral CH62 5DX, Tel. 0151 6444800.

www.portsunlightvillage.com, Heritage Center: April-Okt. 10-17 Uhr, Nov.-März 10-16.30 Uhr, Eintritt: 3,75 £ (Kinder 2 £, Familien 9,99 £)

28 BLUE PLANET AQUARIUM ★★

Vielbesuchtes Aquarium, das sich selbst das größte Englands nennt. Kinder können einen Tag lang mit einem der Tierpfleger unterwegs sein und dabei selbst zum Beispiel einen Fischotter füttern.

> Cheshire Oaks, Ellesmere Port, Cheshire, CH65 9LF, Tel. 0151 3578804, www.blueplanetaquarium.com (Online-Buchung möglich), Mo.-Fr. 10-17 Uhr, Sa.-So. 10-18 Uhr, Eintritt: 12 £ (Kinder 8,50 £, Familien 40 £), Bahnstation: Ellesmere Port

EXTRATIPP

Kanaltour Liverpool – Manchester

Schiffstouren nach Manchester gehören zu den boomenden Touristenattraktionen Liverpools. Gut sechs Stunden dauert der Ausflug, der von April bis September angeboten wird. 56 km Kanal über Viadukte und unter Brücken hindurch, vorbei an alten Industrieanlagen, historischen Bauten, kreuz und quer durch eine einmalige Landschaft. Fünf Schleusen gilt es zu überwinden, 17 Höhenmeter insgesamt. Mehr als 100 Jahre sind die meisten Anlagen alt, vor allem die vielen Drehbrücken. Fachkundige Kommentatoren erzählen während der Reise aus der Geschichte des Kanals, an dessen Fertigung bis zu 17.000 Arbeiter beteiligt waren.

Zurück geht es – bedeutend schneller – im Bus. Das Schiff startet mehrmals monatlich in Liverpool. Einen Tag später geht es von Manchester (Salford Quays) zurück.

> *Veranstalter: Mersey Ferries, Tel. 0151 3301444, Kosten pro Tour: 32 £, eine Reservierung ist notwendig, auch Online: www.merseyferries.co.uk*

29 CATALYST SCIENCE DISCOVERY CENTRE ★

Mehrfach preisgekrönte Wissenschafts-Schau, die sowohl Kindern als auch Erwachsenen gleichermaßen Spaß machen soll. Es geht ausschließlich um Chemie und die daraus gewonnenen Produkte. Die Ausstellung ist eine Stiftung, die unter anderem von der Europäischen Union und der chemischen Industrie gesponsert wird.

> Mersey Road, Widnes, Cheshire WA8 0DF, Tel. 0151 4201121, www.catalyst.org.uk, Di.-Fr. 10-17 Uhr, Sa.-So. 11-17 Uhr (letzter Einlass: 16 Uhr), Eintritt: 4,95 £ (Kinder 3,95 £, Familien 15,95 £), Bahnstation: Runcorn

30 NATIONAL WILDFLOWER CENTER ★ [d11]

Die Anlage, die einzige Englands ihrer Art, hat sich zum Ziel gesetzt, für pflanzlichen Wildwuchs auch in städtischen Regionen zu werben. Im Besucherzentrum kann man Pflanzen kaufen oder gemütlich einen Tee trinken.

> Court Hey Park, Liverpool L16 3NA, Tel. 0151 7381913, www.nwc.org.uk, März-Aug. 10-17 Uhr (Einlass bis 16 Uhr), Eintritt: 3 £ (Kinder 1,50 £, Familien 7,50 £), Bahnstation: Broadgreen

31 KNOWSLEY SAFARI PARK ★★

Der 1971 eröffnete Safaripark vor den Toren Liverpools ist eine der größten Touristenattraktionen der Gegend. Löwen und Tiger sind hier ebenso zu Hause wie Elefanten, Affen und Zebras, Büffel, Bisons, Vögel und Reptilien.

› Prescot, Merseyside L34 4AN, www.knowsley.com/safari, Tel. 0151 4309009, März–Okt. 10–16 Uhr, Nov.–Feb. 10.30–15 Uhr, Eintritt: 11 £ (Kinder 8 £, Familien 34 £), Bahnstation: Prescot

32 FORMBY POINT UND RED SQUIRREL RESERVE ★

Das vom National Trust verwaltete Naturreservat ist Rückzugsgebiet einer der letzten Kolonien roter Eichhörnchen in Großbritannien. Der sandige Dünenstreifen ist außerdem Hort vieler seltener Vögel und Meerestiere.

› Victoria Road, Freshfield, Formby, Merseyside L37 1LJ, Tel. 0170 4878591, www.nationaltrust.org.uk, täglich 9–17 Uhr (Eintritt frei), Parkgebühr: 3,30 £, Bahnstation: Freshfield

33 SOUTHPORT ★★

Der feine Sandstrand in Southport hat nur einen Widersacher: die schöne Uferpromenade.

Das Highlight der Stadt sind die **viktorianischen Geschäftsarkaden** – Zeugnisse einer Zeit, in der es schick war, im eigenen Land Urlaub zu machen. Auch Southports Parks mit ihren kleinen Teichen und wunderschönen Gärten erinnern an die Anfänge des Badetourismus, von dem Southport lange Zeit profitierte.

Seit es für viele Briten aber interessanter ist, sich im Hochsommer zwei Wochen lang an Spaniens Strände zu legen statt fürs gleiche Geld eine Woche an die Irische See, muss auch Southport um Urlauber kämpfen. Ein Teil der Strandanlagen wurde modernisiert, der alte Pier auf Vordermann gebracht. Eine neue Indoor-Badelandschaft mit dem schönen Namen **„Splashworld“** lockt seit Kurzem: Merseysides größter, ganzjährig geöffneter Aqua-Park mit einem 25-Meter-Becken und Wasser-Rutschbahnen. Zum Areal gehört auch eine Badminton-Halle, eine Sauna und ein größeres Fitnessstudio.

› Esplanade, Southport, PR8 1RX, Tel. 0170 4537160, www.splashworldsouthport.com, Mo.–Fr. 10.30–19.30 Uhr, Sa.–So. 10–17.30 Uhr. Eintritt: 7 £, Kinder 5 £

Mit Jazz- und Klassikkonzerten, internationalen Flugtagen, großen Blumenschauen und Feuerwerks-Wettbewerben rührt die 100.000-Einwohner-Stadt Southport Jahr für Jahr erfolgreich die Werbetrommel. Trotzdem wirkt vieles ein bisschen altbacken – so wie die Einwohner, meist gut situierte ältere Leute. So wundert es niemanden, dass sich Southport auch Englands Golf-Hauptstadt nennt. Ein Anspruch, den ein halbes Dutzend meisterschaftstauglicher Anlagen unterstreicht.

› **Anreise nach Southport:** Der Badeort wird regelmäßig von der Northern Line angefahren. Einstieg: Liverpool Central, Fahrzeit nach Southport: 44 Minuten.

PRAKTISCHE REISETIPPS A–Z

005lp Abb.: gs

AN- UND RÜCKREISE

ALLGEMEINE ÜBERLEGUNGEN

Wer nach Liverpool reist, sollte zuerst abwägen, ob er Zeit oder Kosten sparen will – oder gar beides. **Größere Familien**, die Liverpool im Rahmen einer längeren England-Rundreise kennenlernen wollen, sind mit dem eigenen Auto nicht schlecht beraten. Wer **Flugangst** hat, ist mit der Bahn gut bedient. Schnelle Züge und gute Umsteige-Verbindungen bringen den Urlauber heute in relativ kurzer Zeit auf die Insel. So ist man von Köln nach Liverpool per Bahn kaum mehr als neun Stunden unterwegs. Das letzte Stück der Reise von London-Euston nach Liverpool ist mit gut 150 Minuten Fahrzeit eine Etappe, die man gerne auch mit einem Kurzbesuch in der britischen Hauptstadt kombinieren kann (Preis für einfache Fahrt London–Liverpool etwa 27,50 £).

Wer **schweres Gepäck und kein eigenes Auto** hat, ist oft mit dem Bus am besten dran. **Für Kurzurlauber** aber empfiehlt sich die An- und Abreise mit dem Flugzeug. In den meisten Fällen, wenn man sich früh genug um ein Ticket kümmert, ist die Anreise mit dem Flieger auch am preiswertesten. So sind selbst Linienflüge ins benachbarte Manchester für gut 100 € pro Person (Hin- und Rückreise) jederzeit zu buchen. Außerdem gibt es Billigfluggesellschaften, die Liverpool direkt anfliegen. Unter Umständen rechnet sich auch ein Flug nach London, von dessen Airports in Heathrow, Gatwick und Luton Linienbusse bis nach Liverpool verkehren (National Express, www.nationalexpress.com).

Nicht zuletzt lässt sich Liverpool auch mit einem **Abstecher nach oder von Dublin oder Belfast aus** kombinieren. Beide Städte sind mit regelmäßig verkehrenden Fähren an Liverpool angebunden. Dies bietet die Option, mithilfe eines Gabelflugs Belfast/Manchester eine Woche Kultururlaub in Belfast, Dublin und Liverpool miteinander zu verbinden.

AUTO

Für die Anreise mit dem Auto sollte man **mindestens einen Tag einkalkulieren.** Wer aus Österreich, der Schweiz oder Süddeutschland kommt, sollte zudem eine Übernachtung auf dem Weg einplanen. Hier einige **Entfernungen:**

- Berlin – Liverpool: 1400 km, Fahrzeit ca. 14,5 Stunden
- München – Liverpool: 1450 km, Fahrzeit ca. 13,5 Stunden
- Zürich – Liverpool: 1300 km, Fahrzeit ca. 13,5 Stunden
- Wien – Liverpool: 1800 km, Fahrzeit ca. 18 Stunden

Zu den Benzinkosten kommen die **Gebühren für die Fähre oder den Eurotunnel** hinzu. Die Tunnelgebühren betragen ab 175 € für die Hin- und Rückfahrt im Pkw (inklusive neun Personen). Preiswerter ist die Fähre von Calais nach Dover, die je nach Saison zwischen 105 und 135 € pro Pkw (Hin- und Rückfahrt) kostet. Motorradfahrer müssen 65–75 € für die Fährüberfahrt einkalkulieren. Etwas billiger ist der Nachttarif ab Dünkirchen. Ausführliche Informationen unter:

- www.britain.de

Rechnet man die Kosten für Kraftstoff hinzu, ist eine Autoreise immer teurer als Bus, Bahn oder Billigflieger. Das Auto lohnt sich eigentlich nur für Familien, die sonst einen Leihwagen vor Ort anmieten würden.

BAHN

Die Bahn ist eine bequeme und inzwischen auch schnelle Alternative zum Auto, verglichen mit Bus und Flugzeug aber auch relativ teuer. Außerdem muss man mehrmals umsteigen. Über Zugverbindungen nach Liverpool informieren die Webseiten der jeweiligen Bahnunternehmen:

› Deutschland: www.bahn.de
› Schweiz: www.sbb.ch
› Österreich: www.oebb.at
› England: www.thetrainline.co.uk

Zugreisenden sei der **Britrail Pass** ans Herz gelegt, der ein bequemes und stressfreies Reisen in ganz Großbritannien ermöglicht. Diese Pässe, die unbegrenztes Bahnfahren auf der britischen Insel ermöglichen, werden allerdings nur auf dem Kontinent ausgestellt, sind also auf in Großbritannien nicht zu erwerben.

› www.britrail.com

BUS

Für jüngere Leute und Reisende mit viel Zeit ist die Anreise mit dem Bus überlegenswert – vor allem wenn man größeres Gepäck dabei hat. So kann man etwa eine Fahrt von Düsseldorf nach Liverpool schon für 125 € hin und zurück buchen. In der Regel fährt das Busunternehmen Touring von allen größeren Städten nach London. Von dort geht es mit National Express weiter nach Liverpool.

› **Deutsche Touring GmbH,** Am Römerhof 17, 60486 Frankfurt, Tel. 069 7903501, www.touring.de
› **National Express Limited,** Ensign Court, 4 Vicarage Road, Edgbaston, Birmingham, Tel. +44 (0) 8705808080, www.nationalexpress.com

FLUGZEUG

Die **einfachste und schnellste Anreise** erfolgt mit dem Flugzeug via Manchester oder Liverpool. Die Stadt am Mersey soll künftig verstärkt von Europa aus direkt angeflogen werden, im Moment allerdings landet hier nur der Billigflieger easyJet in Direktflügen aus Amsterdam, Basel, Berlin-Schönefeld, Innsbruck und Genf. Ansonsten muss man mindestens einmal umsteigen. Zudem lohnt der Flug nach Liverpool meist auch aus Kostengründen nicht.

Bestens dagegen sind die Anbindungen Liverpools **über Manchester,** das rund eine Stunde mit Bus oder Bahn entfernt ist. Taxikosten von Manchester nach Liverpool: ca. 50–60 £. Man sollte vor der Fahrt immer einen Festpreis aushandeln! Manchester wird von fast allen großen Flughäfen in Deutschland, Österreich und der Schweiz direkt angeflogen. Swiss International, Lufthansa, British Midlands, British Airways, Air Berlin und die Gesellschaft FlyBe gehören zu den großen im Geschäft. Daneben gibt es regelmäßige **Billigflug-Verbindungen** nach Manchester, etwa mit TUIfly von Köln, Hannover oder Stuttgart oder mit Thomsonfly von Salzburg. Von Berlin-Schönefeld geht es mit Jet2.com nach Manchester, im Winter auch ab Genf.

Wer sehr früh bucht, kommt schon zu Preisen von deutlich unter 100 € ans Ziel. Internetsuchmaschinen wie www.billig-fliegen.de oder auch www.skyscanner.net helfen bei der Jagd nach einem Schnäppchen. Die besten Angebote findet man jedoch, wenn man die Seiten der Fluggesellschaften selbst nach günstigen Angeboten durchforstet. Oft kann man viel Geld sparen, wenn man seine

0481p Abb.: gs

Reise nur um ein paar Stunden oder Tage verlegt.

- **Lufthansa:** www.lufthansa.de
- **Swiss International:** www.swiss.com
- **British Airways:** www.britishairways.com
- **Airberlin:** www.airberlin.com
- **Luxair:** www.luxair.lu
- **Flybe:** www.flybe.com
- **British Midlands:** www.flybmi.com
- **Thomsonfly:** www.thomsonfly.com
- **easyJet:** www.easyet.com
- **Jet2.com:** www.jet2.com

Liverpools Flughafen im Süden der Stadt heißt „John Lennon Airport" und ist mit diversen Buslinien gut in das öffentliche Verkehrsnetz eingebunden. So existiert eine direkte Verbindung (Bus Nr. 500) vom Flughafen in die Liverpooler Innenstadt. Die Busse verkehren werktags alle 20 Minuten, abends und sonntags alle 30 Minuten (Preis: 2 £, Fahrzeit: ca. 45 Minuten).

Kein Problem auch ist die Verbindung zwischen dem **Flughafen Manchester** und Liverpool. Am schnellsten überwindet man die Strecke mit dem Zug, der direkt neben dem Flughafenterminal tagsüber nahezu stündlich Richtung Liverpool startet (Fahrzeit: ca. 70 Minuten, Fahrtkosten: etwa 10 €). Endhaltestelle ist Lime Street Station ⓬ im Herzen Liverpools.

▲ Immer für einen Ausflug gut: Fähren von Liverpool nach Irland

SCHIFF

Belfast und Dublin sind per Schiff mit Liverpool verbunden. Die Fahrzeit in die irische Hauptstadt beträgt knapp sieben Stunden, rund acht Stunden bis ins nordirische Belfast. **Norfolkline** bietet fast jeden Tag zwei regelmäßige Verbindungen nach Dublin und Belfast, eine am Morgen und eine Nachtverbindung um 22 Uhr, die einen bequemen Tagesausflug in beide irische Metropolen erlaubt. Fast parallel dazu verkehrt auch die Gesellschaft **P&O Irish Sea** auf der Strecke nach Dublin. Regelmäßige Schiffsverbindungen gibt es von Liverpool auch auf die Isle of Man.

Abfahrtszeiten und Preise:

- www.norfolkline.com
- www.poirishsea.com

AUTOFAHREN

Liverpool ist kein klassisches Autoreiseziel. Nur jeder zweite Besucher kommt auf vier Rädern, das sind deutlich weniger als in anderen englischen Städten. Da die Liverpooler Parkgebühren sehr hoch und alle touristisch relevanten Ziele entweder zu Fuß oder schnell mit Bus oder Bahn zu erreichen sind, ist ein **Auto nicht praktikabel.**

Gewöhnlich erreicht man die Stadt über die Autobahn M6, von der es über die M58 und M62 in die Innenstadt geht. Spätestens dann beginnt die Suche nach einem Parkplatz. Kostenlose **Abstellmöglichkeiten** in der City, wo mehr als 1500 kostenpflichtige Parkgelegenheiten entlang der Straßen zur Verfügung stehen, sind rar. „Controlled Parking Zone" heißen die Straßenparkplätze, die mit gelben Linien auf der Straße und entsprechenden Schildern gekennzeichnet sind. Tickets gibt es am Parkautomaten. In der Regel sind nur zwischen 8 und 18 Uhr **Parkgebühren** fällig. Sie betragen in der Innenstadt zwischen 0,90 £ und 3,60 £, in den äußeren Bezirken knapp die Hälfte weniger. Die Höchstparkdauer beträgt zwei Stunden. Länger kann man sein Fahrzeug in den zahlreichen Parkhäusern abstellen, die in der Regel zwischen 7 und 19.30 Uhr geöffnet sind, manche wie am Mount Pleasant [L11] oder in der Victoria Street [J10] auch bis Mitternacht. Hier variieren die Parkgebühren zwischen 0,80 £ und 1,50 £ pro Stunde, manchmal auch mehr.

Doppelte gelbe Linien am Straßenrand bedeuten absolutes **Halteverbot.** Eine einzelne Linie, unterbrochen oder durchgezogen, bedeutet eingeschränktes Halteverbot. Wegen des knappen Parkraums kennen Liverpools Behörden gegenüber Parksündern kein Pardon. Falschparkern drohen Geldbußen von umgerechnet rund 60 € – wenn ihr Fahrzeug nicht gleich abgeschleppt oder mit Parkkrallen festgesetzt wird. Übrigens: **Motorräder** dürfen nicht auf Autoparkplätzen abgestellt werden. Für sie gibt es kostenlose Parkmöglichkeiten in der Brunswick Street [I10], Castle Street ❼, Old Church Yard [I10] und andernorts.

Bleifreies Benzin heißt *petrol unleaded,* Normalbenzin *petrol* und Diesel *fuel.* Achtung: Diesel ist in England im Gegensatz zu fast allen europäischen Ländern um ca. 5–10 Cent teurer. Die Preise für Super- und Normalbenzin sind mit denen in Deutschland vergleichbar. Weitere Infos unter:

› www.liverpool.gov.uk/Transport_and_streets

Führerschein und Wagenpapiere sollte man immer bei sich haben. Viel wichtiger aber ist es, sich stets folgenden Umstand bewusst zu machen: In England herrscht **Linksverkehr,** man fährt auf der linken statt der rechten Straßenseite. Im Kreisverkehr muss man sich bspw. im Uhrzeigersinn einordnen. Im Übrigen gelten auf der Insel **fast die gleichen Verkehrsregeln** wie auf dem Kontinent. Auch hier gilt grundsätzlich: rechts vor links. Das Schild „Give Way" und gestrichelte Doppellinien bedeuten, dass man keine Vorfahrt hat. Die Höchstgeschwindigkeit in Ortschaften beträgt 30 mph (48 km/h), auf Landstraßen 60 mph (96 km/h), auf Autobahnen 70 mph (112 km/h). Die Alkoholgrenze liegt bei 0,8 Promille und natürlich sind auch in England Handy-Telefonate am Steuer verboten.

Pannenhilfe bieten die beiden großen englischen Organisationen AA (Automobile Association) und RAC (Royal Automobil Club). Da beide jedoch nicht verpflichtet sind, Nichtmitgliedern zu helfen, empfiehlt es sich, vor Reiseantritt einen im Ausland gültigen Schutzbrief zu erwerben. Die meisten europäischen haben mit den britischen Klubs Vereinbarungen über eine gegenseitige Zusammenarbeit abgeschlossen.

› Pannenhilfe-Telefon RAC: Tel. 0800 828282, www.rac.co.uk
› Pannenhilfe-Telefon AA: Tel. 0800 887766, www.theaa.com

0491p Abb.: gs

MIETWAGEN

Einen Mietwagen braucht man in Liverpool eigentlich nicht – es sei denn, man will das Hinterland entdecken. In diesem Fall ist es sinnvoll, schon am Flughafen ein Auto zu organisieren.

Am besten bucht man sein Fahrzeug schon von zu Hause aus, entweder direkt beim Verleiher oder über einen der Internetvermittler wie www.holidayautos.de. Eine Übersicht über die Mietwagenfirmen in Liverpool und Manchester bietet

› www.visitbritain.de/travel-and-transport

▲ *Stadtrundfahrt mal anders: mit der Kutsche zum Albert Dock*

BEHINDERTE

Für Behinderte ist Liverpool ein Reiseziel **ohne große Hindernisse.** Fast alle großen kulturellen Einrichtungen wie Museen und Theater wurden in den letzten Jahren behindertengerecht ausgestattet. Es gibt auch auf vielen öffentlichen Parkplätzen extra Parkflächen für Behinderte. Alle schwarzen Taxen sind rollstuhlgerecht eingerichtet, die meisten ihrer Fahrer den Umgang mit Behinderten gewohnt. Manche Einkaufszentren haben für Behinderte sogar eigene Rollstühle.

Auch **Bus und Bahn** sind auf die Bedürfnisse Behinderter eingestellt. Bei der Bahn gibt es einen Telefondienst, an den man sich schon vor der Fahrt wenden kann, um ggf. einen Rollstuhlein- oder -ausstieg zu organisieren, am besten mindestens 24 Std. vorher. Für alle Fahrten auf der Northern oder der Wirral Line kann man die Telefonnummer Tel. +44 (0) 151 7022071 oder die E-Mail-Adresse comment@merseyrail.org nutzen. Den Service für City-Line-Reisende erreicht man unter Tel. +44 (0) 845 6008008. Für alle nationalen Züge stehen die +44 (0) 845 7484950 und die Website www.nationalrail.co.uk zur Verfügung.

Weitere Informationen finden sich auf der Internetseite der Stadt Liverpool (www.liverpool.gov.uk) unter dem Suchwort „Disabled".

DIPLOMATISCHE VERTRETUNGEN

› **Botschaft der Bundesrepublik Deutschland,** 23 Belgrave Square, London SW1X 8PZ, Tel. +44 (0)20 78241300, Fax +44 (0)20 78241449,www.london.diplo.de

› **Österreichische Botschaft,** 18 Belgrave Mews West, London SW1X 8HU, www.aussenministerium.at/london, Tel. +44 (0)20 73443250, Fax +44 (0)20 73440292,
› **Schweizer Botschaft,** 16–18 Montagu Place, London W1H 2BQ, Tel. +44 (0)20 76166000, Fax +44 (0)20 77247001, www.eda.admin.ch/london

EIN- UND AUSREISE-BESTIMMUNGEN

Für Deutsche, Schweizer und Österreicher genügt ein gültiger Personalausweis. Allerdings müssen Nicht-EU-Bürger wie z. B. Schweizer an der Grenze eine sogenannte **Visitor's Card** (Besucherkarte) ausfüllen. Aufenthaltsgenehmigungen sind erst erforderlich, wenn man länger als sechs Monate in Großbritannien Station machen will.

ELEKTRIZITÄT

In Großbritannien kommt in der Regel 240-V-Wechselstrom/50 Hz aus der Steckdose. Elektrogeräte mit 220 V können daher genutzt werden. Ein Problem aber ist der **Stromanschluss.** In den meisten Fällen passen kontinentaleuropäische Stecker nicht in die britischen, **dreipoligen Steckdosen.** Ein dreizinkiger **Adapter** (Plug) gehört also unbedingt ins Reisegepäck.

Die gewohnten Euro-Stecker finden sich allenfalls in den Badezimmern moderner Hotels. Meist steht dort allerdings „Shavers Only", was wiederum bedeutet, dass der Trockenrasierer an der Steckdose funktioniert, nicht aber der leistungs- und watthungrige Föhn. Da man sich nicht darauf verlassen kann, dass wirklich jedes Hotel immer einen Adapter für seine Gäste vorrätig hat, sollte man besser vorsorgen. Entsprechende Adapter gibt es in Shops auf den Flughäfen oder in nahezu allen Elektro- und Haushaltswarengeschäften.

GELDFRAGEN

WÄHRUNG

England ist (noch) nicht der europäischen Währungsunion angeschlossen. Deshalb zahlt man in Liverpool statt in Euro in **Pfund.** 1 Pfund entspricht 100 **Pence,** abgekürzt „p". Es gibt Münzen zu 1, 2, 5, 10, 20 und 50 Pence sowie 1 und 2 Pfund, Scheine existieren im Wert von 5, 10, 20 und 50 Pfund. Alle Münzen und Scheine tragen das Bild der englischen Königin. Ein- oder Ausfuhrbeschränkungen für Devisen bestehen nicht. Die Mehrwertsteuer beträgt 17,5 %.

Da Geschäfte, Restaurants und Hotels, Museen, Tankstellen und große Firmen in der Regel alle gängigen **Kreditkarten** akzeptieren, braucht man in seiner Reisekasse eigentlich nur Taschengeld. Das bringt man am besten gleich von zu Hause mit. Ansonsten tauscht man auf einer Bank – oder zieht das Geld aus einem Automaten seiner britischen Partnerbank.

WECHSELKURSE

› 1 € = 0,80 £, 1 £ = 1,25 €
› 1 Sfr = 0,50 £, 1 £ = 1,99 Sfr (Stand: April 2008)

Den genauen Wechselkurs findet man tagesaktuell unter:
› www.oanda.com

LIVERPOOL PREISWERT

Saveaway-Tickets *nennen sich die Sparangebote im öffentlichen Nahverkehr. So offeriert Merseytravel ein eintägiges Billig-Ticket, das am Wochenende, feiertags und werktags außerhalb des morgen- und abendlichen Berufsverkehrs gültig ist: zwischen 9.30 und 16 Uhr – und dann wieder ab 18 Uhr. Diese Fahrkarte kann man nutzen, so oft man will. Auf dem Mersey allerdings nur, um den Fluss zu queren, nicht als Rundfahrt-Ticket. Preis: 2,40 £ (Kinder 1,80 £). Man kann diese Spar-Fahrkarten auf Vorrat kaufen, muss jedoch bei Antritt der Fahrt immer Tag, Monat und Jahr auf dem Ticket freirubbeln. Die Fahrkarten gibt es in allen Reisezentren, Bus- und Bahnstationen.*

Kräftig sparen lässt sich auch mit der ***Mini Break Card,*** *die ermäßigten Eintritt zu vielen Attraktionen gewährt. Die Karte ist an drei aufeinander folgenden Tagen gültig und gewährt freie Fahrt auf der Mersey-Fähre und in den Innenstadtbussen S2 und S3 sowie im City Explorer Sightseeing-Bus. Kostenlos können The Beatles Story* **2** *und das Fußballmuseum des FC Liverpool* **23** *besucht werden. Keinen Eintritt kostet auch die Besteigung des Turms der anglikanischen Kathedrale* **15**. *In ausgesuchten Restaurants gibt es Preisermäßigungen von bis zu 25 Prozent. Karten-Preis: 19,99 £ (Kinder: 11,99 £). Die Karte gibt es im Touristenbüro Whitechapel und im Mersey Travel Center Queen Square.*

› *Tel. +44 (0)844 8700123, www.yourticketforliverpool.com*

Wer noch andere Ziele in England besucht, ist mit einem ***National Trust Touring Pass*** *sehr gut bedient. Die nur für Ausländer gültigen Touristenpässe gewähren kostenlosen Zutritt zu über 300 historischen Gärten und Häusern in England und Nordirland – in Liverpool etwa zu den Elternhäusern von John Lennon* **20** *und Paul McCartney* **21**, *zur Speke Hall und zu Mr. Hardman's Photographic Studio in der Rodney Street* **16**. *Die Pässe haben entweder 7 oder 14 Tage Gültigkeit und werden nach der Bestellung nach Hause geschickt. Es gibt sie als Einzel-, Doppel- oder Familien-Pass. Kosten: je nach Ausstattung 18–46 £. Zusammen mit dem Pass erhält man eine Broschüre, in der alle Einrichtungen, die man kostenlos besichtigen kann, verzeichnet sind.*

› *Tel. +44 (0)870 1125384, www.nationaltrust.org.uk*

Restaurantbesucher, die früher als andere zu Abend essen, können vielerorts Geld sparen. ***Early Evening Dinner*** *heißt das Zauberwort, das bei Restaurant-Bestellungen vor 19 Uhr (manchmal auch vor 18 Uhr) erhebliche Preisabschläge gewährt. Einige Lokale bieten unter der Woche auch spezielle Theater-Menüs an, bei denen sich ebenfalls einiges sparen lässt. Es lohnt sich also, immer mal wieder auf die ausgehängten Speisekarten zu schauen.*

Als ***kostenlose Großveranstaltungen*** *mit toller Musik empfehle ich das Oye-Festival im Juni mit afrikanischer Musik im Freien – und das Mathew Street Festival Ende August, besser bekannt als Beatles Week, bei dem mehr als 100 Bands in der Stadt zum Nulltarif aufspielen (Einzelheiten unter „Zur richtigen Zeit am richtigen Ort").*

8 INFORMATIONSQUELLEN

INFOSTELLEN ZU HAUSE

Fahrkarten, Tickets und Sightseeing-Pässe können bestellt werden unter:

› www.visitbritaindirect.com

Hilfe und Antworten auf fast alle Fragen erhält man bei den offiziellen Informationsstellen, die Prospektmaterial verschicken und telefonisch Auskunft erteilen:

› **Deutschland: VisitBritain & Britain Visitor Centre,** Dorotheenstr. 54, 10117 Berlin, Tel. 01801 468642 (Ortstarif), Fax 030 31571910, tel. Beratung Mo.-Fr. 10-18 Uhr, www.visitbritain.de

› **Österreich: Britain Visitor Center,** c/o British Council, Siebensterngasse 21, 1070 Wien, Tel. 0800 150170 (gebührenfrei), www.visitbritain.com/at

› **Schweiz:** kein eigenes Büro, Info-Tel. 0844 007007 (Lokaltarif)

INFOSTELLEN IN DER STADT

Touristeninformationen

ℹ108 [K10] **TIC City Center - The 08 Place,** 36-38 Whitechapel, Liverpool L1 6DZ, Tel. 0151 2332008, Mo.-Sa. 9-19 Uhr (im Winter bis 18 Uhr), So. und feiertags 11-16 Uhr, E-Mail: 08place@liverpool.gov.uk

› **TIC John Lennon Airport,** Arrival Hall South Terminal, Speke Hall Avenue, Liverpool L24 1YD, Tel. 0151 9071057, Sommer 4-24 Uhr, Winter 5-23 Uhr

050lp Abb.: gs

▶ *Orientierung leicht gemacht: Wegweiser am Albert Dock*

ℹ109 [K10] **Queen Square Center,** Info-Center am Busbahnhof Queen Square in der Stadtmitte, Liverpool L1 1 RG, Mo.-Sa. 9-17.30 Uhr, So. 10.30-16.30 Uhr. Prospektmaterial und Bustickets, nur Auskünfte zum öffentlichen Nahverkehr.

ℹ110 [I12] **Visitor Center** im Albert Dock, Anchor Courtyard, Liverpool L3 4AF, Okt.-März tgl. 10-17 Uhr, April-Sept. tgl. 10-17.30 Uhr

Unterkünfte kann man Mo.-Fr. 9-17.30 Uhr und Sa. 10-16 Uhr telefonisch buchen. Vom Ausland unter Tel. 0151 7098111, in England unter Tel. 0845 6011125, per E-Mail: bookaroom@merseyside.org.uk.

Für alle Touristen hat die Stadt eine zentrale, rund um die Uhr besetzte **Hotline** eingerichtet, die in nahezu allen Dingen weiterhelfen kann: Tel. 0044 (0)151 2332008. Oder man schickt eine schriftliche Anfrage an die E-Mail: 08place@liverpool.gov.uk.

Aktuelle Infos zu allen touristischen Neuerungen und Änderungen enthalten auch die Internetseiten:

› www.liverpool08.com

› www.visitliverpool.com

EXTRATIPP

Schöne Bücher

Am zweiten Dienstag jeden Monats öffnet die Zentralbibliothek in der William Brown Street ihre Schatzkiste. ***Seltene Bücher, Handschriften und frühe Drucke*** *sind dann zu bestaunen – und einige der für Besucher sonst versperrten historischen Räume der Bibliothek.*

- *Info-Tel. 0151 2335844*

Bibliotheken

In Liverpool gibt es zwei Dutzend öffentlicher Büchereien. In allen kann man Bücher und Hörkassetten kostenlos ausleihen, vielerorts finden sich zudem Computer mit kostenlosem Internetzugang. Fragen zum Angebot beantwortet: Tel. 0151 2333000. Die größte und zentrale Bibliothek ist die **Central Library** in der William Brown Street [K10] (Liverpool L3 8EW, Tel. 0151 2335835), die neben Internetanschlüssen auch über Kopierer und Faxanschlüsse verfügt. Öffnungszeit: Mo.–Fr. 9–18 Uhr, Sa. 9–17 Uhr, So. 12–16 Uhr.

Fahrkarten

Metro- und Busfahrkarten gibt es an den großen Metrostationen und Busbahnhöfen. Busfahrkarten kann man auch direkt im Bus lösen. Die meisten Tickets kann man schon am Vortag lösen, sodass man unter Umständen das Schlangestehen am Schalter vermeiden kann. Touristen empfiehlt sich das sogenannte Saveaway-Ticket, das in Merseyside für Busse, Bahnen und Fähren gilt (siehe oben „Liverpool preiswert“). Für mehr als zehn Personen gibt es Gruppenermäßigungen.

Fahrplanauskünfte

Mersey Travel (24 Hatton Garden, Liverpool L32 AN) unterhält eine Telefonauskunft. Dort oder auf der Internetseite erfährt man, wann und wo Busse und Bahnen fahren:

- Tel. 0870 6082608 (8–20 Uhr), www.merseytravel.gov.uk

Fundbüro

Wenn man in Metro oder Bahn etwas liegengelassen hat, kann man sich an folgende Hotlines wenden:

- City Line: 0870 6023322
- Northern and Wirral Lines: 0151 70229951

DIE STADT IM INTERNET

- **www.visitliverpool.com:** Offizielle Seite des Fremdenverkehrsamtes – gut genug, um sich einen ersten Eindruck vom touristischen Angebot der Stadt zu verschaffen. Auch kostenlose Postkarten kann man mithilfe dieser Seite aus Liverpool verschicken.
- **www.liverpoolworldheritage.com:** Informative und ausführliche Darstellung des Weltkulturerbes in Liverpool. Viele Infoseiten beschreiben die Geschichte der rund 100 wichtigsten Gebäude der Stadt.
- **www.dineliverpool.com:** Ausgeh- und Essenstipps. Die ständig aktualisierte Seite verschafft einen guten Überblick über Restaurants, Pubs und Klubs.
- **www.Icliverpool.co.uk:** Online-Version der beiden Liverpooler Tageszeitungen (Liverpool Echo und Daily Post) mit gelegentlichen Restaurantkritiken.
- **www.liverpool08.com:** Offizielle Seite der Stadt mit allen relevanten Informationen zum Kulturjahr 2008.
- **www.liverpoolvision.com:** Aufwendig gestaltete Seiten, die über Liverpools Großprojekte und über alle größeren Neuinvestitionen in der Stadt informieren.

- **www.merseytravel.gov.uk:** Aktuelle Informationen zum Nahverkehr in der Region für alle, die auf Bus, Bahn oder Fähren angewiesen sind.
- **www.liverpool.gov.uk:** Offizielle Seite der Stadtverwaltung.
- **www.bbc.co.uk/liverpool:** Ständig aktualisierte Seiten der regionalen BBC-Redaktion.
- **www.mersey-gateway.org:** Ausgezeichnete Webseite für alle, die sich für Liverpools Historie interessieren. Mehr als 20.000 alte Fotos und Illustrationen geben einen guten Einblick in mehr als 800 Jahre Stadtgeschichte.

PUBLIKATIONEN UND MEDIEN

Liverpool hat zwei Tageszeitungen, das „Liverpool Echo" und die „Daily Post". Beide Blätter unterhalten auch Online-Ausgaben. Wenn man sich über Termine und aktuelle Veranstaltungen in der Stadt am Mersey informieren will – dort wird man immer fündig:

- www.liverpoolecho.co.uk
- www.liverpooldailypost.co.uk

LITERATURTIPPS

- **Liverpool 800. Culture, Charakter and History,** Liverpool 2006. 532-seitiges Buch, das einen aktuellen Überblick über die Stadt und ihre Geschichte gibt. Das populärwissenschaftliche Standardwerk erschien zum 800-jährigen Stadtjubiläum.
- Ken Pye, **Discover Liverpool (Buch mit DVD),** Liverpool 2002. Stadtführer mit 150-minütigem Video-Porträt der Region.
- Trinity Mirror, **Liverpool Now,** Liverpool 2007. Komprimierte Bestandsaufnahme der Stadt in Text und Bild.
- P. T. Madden, **Fabolous Liverpool: Merseybeat Architecture and Geography,** Liverpool 2005. Schöner Fotoband für alle Musikfans. Er zeigt die Geburtsstätten des Mersey-Beat: Musiker-Wohnungen, Hotels, Theater und Klubs.
- **The Beatles' Liverpool. The Complete Guide,** Liverpool 2006. Reich illustrierter Führer zu allen Stätten, die Beatles-Geschichte machten.

INTERNET

@111 [L10] **Planet Electra,** 34-36 London Road, Liverpool L3 5NF, Tel. 0151 7080303, Mo.–Sa. 9–16.30 Uhr. Ab 2 £ pro Stunde, Studentenermäßigung.

@112 [M11] **Simply Cafe Latte,** 4 South Hunter Street, Liverpool L1 9GJ, Tel. 0151 7089610, Mo.–Fr. 8–21 Uhr, Sa.–So. 9–17.30 Uhr

Außerdem gibt es in der Stadt 24 Hotspots, etwa im Caffè Nero [2] in der Castle Street oder im Bahnhof Lime Street (12). Auch in den Einkaufszentren finden sich zunehmend öffentlich zugängliche Internetanschlüsse. Informationen über alle öffentlichen Hotspots in Liverpool finden sich unter

- www.jiwire.com

MASSE UND GEWICHTE

Auch wenn in England offiziell das metrische System gilt: Entfernungen und Flüssigkeitsmengen misst man noch immer in Meilen oder Pints. Auch anderen alten Maßeinheiten begegnet man noch immer.

- 1 inch (in) = 2,54 cm
- 1 foot (ft) = 30,48 cm
- 1 yard = 91,44 cm
- 1 mile = 1,61 km
- 1 acre = 0,4 ha
- 1 pint = 0,57 l
- 1 gallon = 4,55 l
- 1 ounce (Oz) = 28,35 g
- 1 pound (lb) = 453 g

MEDIZINISCHE VERSORGUNG

Das staatliche britische Gesundheitssystem ist immer wieder gescholten worden. Dennoch ist es meist besser als sein Ruf. In den großen Universitätskliniken finden sich zudem immer wieder deutschsprachige Ärzte. Der staatliche Gesundheitsdienst, **National Health Service (NHS)**, bietet allen ausländischen Besuchern eine kostenlose ambulante Notfallbehandlung sowohl bei niedergelassenen Ärzten als auch in den Unfallstationen der Krankenhäuser. Notaufnahmen werden „Accident and Emergency“ (A & E) genannt.

Neben den Kliniken gibt es sogenannte „Health Centre“, in denen sich mehrere Ärzte zusammengeschlossen haben. Sogenannte „Walk-In Centre“ stehen außerdem fast rund um die Uhr für alle leichteren Beschwerden wie Durchfall, Erkältung oder Muskelschmerzen offen. Rezepte und stationäre Behandlungen müssen vor Ort bezahlt werden – es sei denn, man führt eine europäische Krankenversicherungskarte mit. Vielfach ist es ratsam, vor dem Reiseantritt eine **Reisekrankenversicherung** abzuschließen, welche die Kosten einer Privatbehandlung und ggf. den Rücktransport übernimmt.

- 113 [N9] **Royal Liverpool University Hospital,** Prescot Street, Liverpool L7 8XP, Tel. 0151 7062000, Fax 7065806, www.rlbuht.nhs.uk. Gut ausgestattete Universitätsklinik für alle Fälle.
- 114 [L10] **Liverpool City Walk-In Centre,** 53 Great Charlotte Street, Liverpool L1 1HU, Tel. 0151 2853535, Mo.–Fr. 7–22 Uhr, Wochenende und Feiertags 9–22 Uhr, Anlaufstelle bei leichten Schmerzen und Gesundheitsproblemen wie Erkältung, Schnittwunden, Übelkeit, Kopfschmerzen oder Durchfall.
- 115 [N9] **Royal Liverpool Dental Hospital,** Pembroke Place, Liverpool L3 5PS, Tel. 0151 7062000, Fax 7065806. Zahnklinik, die unter Tel. 0151 7064903 auch telefonisch weiterzuhelfen sucht.

Die unter der Bezeichnung „Dispensing Chemist“ oder „Pharmacy“ geführten **Apotheken** werden nicht immer von einem ausgebildeten Apotheker geführt. Fachmännische Beratung bekommt man gewöhnlich in den Läden der Firma Boot's:

- Vauxhall Road, Tel. 0151 2364882
- Whitechapel, Tel. 0151 7093149
- Castle Street, Tel. 0151 2364441

Nicht rezeptpflichtige Arzneimittel wie etwa Aspirin oder Vitamintabletten erhält man auch in den meisten Supermärkten.

MIT KINDERN UNTERWEGS

Liverpool hat sich inzwischen darauf eingerichtet, dass zunehmend Eltern mit Kindern die Stadt besuchen. Fast alle Kultureinrichtungen, von den großen Museen bis hin zu den Kirchen, haben sich **pädagogisch auf die jungen Gäste eingestellt.** So hat die Walker Art Gallery ⓫ eine eigene Kinderabteilung, wo die Jüngsten unter fachlicher Aufsicht spielen und werkeln können. Einen eigenen Rundgang für Kinder hat man auch in der protestantischen Kathedrale ⓯ eingerichtet, bei dem es die über 250 in der Kirche in Fenstern, Bildern und Denkmälern versteckten Tiere zu entdecken gilt. Ein ähnliches Angebot offeriert auch die Croxteth Hall [6], wo die

051lp Abb.: gs

jüngsten Besucher die dort versteckten Teddybären suchen dürfen.

Kinder ab sieben Jahren können im National Conservation Centre (Whitechapel) 5 zusammen mit Archäologen Teile alter Vasen oder sonstiger Schätze zusammensetzen. „Picking Up The Pieces" heißt das Museumsprojekt, das nachmittags gleich mehrmals auf dem Programm steht. „Underwater Street" 5 nennt sich die jüngste Touristenattraktion für kleine Kinder, die im Cunard Building in der Water Street die Welt neu entdecken können. Und für jüngere Liverpoolbesucher ist auch das Kletter-Zentrum „Awesome Walls Centre" (siehe „Sport und Erholung") einen Abstecher wert. Hier lernt man unter fachkundiger Führung, mit Kraft und vor allem mit Geschick steilstes Gelände zu überwinden.

Die interessantesten Kinderattraktionen finden sich jedoch **außerhalb der Stadt.** Etwa der Knowsley Safari-Park 31 in Prescot, wo man Elefanten und Löwen bei einer Rundfahrt vom Auto aus zusehen kann, oder das Blue Planet Aqarium 28, wo die Jüngsten zum Füttern der Fischotter geladen sind und einen ganzen Tag lang einen der Tierpfleger begleiten können. Karussells und Fahrgeschäfte, eine Miniatureisenbahn und einer der größten Aqua-Parks im englischen Nordwesten locken im Badeort Southport 33.

Übrigens: Auch die Gastronomen stellen sich mehr und mehr auf die neue junge Kundschaft ein und bieten vermehrt **Kindermenüs** auf ihren Speisekarten an.

KINO

K 116 [L10] **Odeon,** London Road, Tel. 0871 2244007. Großes Kino mit aktuellen Filmen und Kassenschlagern.

K 117 [L11] **Picturehouse @ FACT,** 88 Wood Street, Tel. 0151 7074450. Experimental- und Szene-Kino in der Innenstadt, hat oft auch Mainstream-Filme im Programm.

NOTFÄLLE

Bei Unfällen ruft man die **landesweite Notrufnummer Tel. 999.** Drei Zahlen, die man sich einprägen sollte. Dieser allgemeine Notruf gilt sowohl für Polizei *(police)* als auch für Feuerwehr *(fire brigade)* und Krankentransport *(ambulance)*. Die Anrufe sind kostenfrei.

Sollte einem die Kreditkarte oder das Handy abhanden gekommen sein, ruft man die neue **zentrale**

◄ *Kinderfreundliches Liverpool an der St. George's Hall*

Sperrnummer in Deutschland an: **Tel. +49 116116** (0–24 Uhr). Diese Nummer ist aus dem Ausland allerdings gebührenpflichtig. Daneben gibt es eine weitere Sperrnummer der Kreditwirtschaft, die ebenfalls rund um die Uhr aus dem Ausland zu erreichen ist: Tel. +49 1805 021021.

ÖFFNUNGSZEITEN

- **Geschäfte:** Mo.–Fr. 10–18 Uhr (Kernzeit), zum Großteil auch Sa. und So.
- **Banken:** Mo.–Fr. 9.30 –16.30 Uhr, Sa. 9–12.30 Uhr
- **Museen:** Mo.–Sa. 10–17.30 Uhr, alle großen Museen sind auch sonntags geöffnet

POST

Das **Porto** für Postkarten und Briefe bis 20 Gramm per Luftpost mit dem Aufkleber „Air Mail" beträgt 48 Pence. Briefmarkenhefte sind auch in Läden erhältlich, die mit „Stamps sold here" für ihr Angebot werben.

- **Postamt im St. John's Centre Liverpool,** 125 St. George's Way, Liverpool L1 1LY, Mo.–Fr. 9–17.30 Uhr, Sa. 9–12.30 Uhr

RADFAHREN

Liverpool ist eine durch und durch radfahrerfreundliche Stadt. In den letzten Jahren hat sich die **Zahl der Radwege fast verdoppelt**, wurden überall neue Radabstellplätze geschaffen. Außerdem hat der Stadtrat ein eigenes Radfahr-Forum geschaffen, das viermal jährlich öffentlich tagt.

Per E-Mail (info@letstravelwise.org) oder telefonisch (Tel. 0151 3301066) kann man **kostenlose Radkarten** für Liverpool und Merseyside mit Vorschlägen für kleine Touren anfordern. Fahrräder können in Zügen und auf den Mersey-Fähren – sofern Platz ist – problemlos mitgenommen werden.

▲ *Einkaufsstadt Liverpool: Shopper haben die Qual der Wahl*

SCHWULE UND LESBEN

ALLGEMEINES

Mit Englands „Schwulen-Metropole“ Manchester kann sich Liverpool nicht messen. Trotzdem ist in den letzten Jahren eine Reihe neuer Klubs und Lokale entstanden, die sich auf Schwule und Lesben eingestellt haben. Gay-Zentrum ist die Gegend um die Stanley Street [J10]. Allgemeine Infos zur Szene in Liverpool erhält man unter:

› www.gayliverpool.com

„**Homotopia**“ heißt ein jährliches Festival im November, bei dem schwule und lesbische Kunst und Kultur dominiert. Im ganzen Land berühmt sind inzwischen die im Rahmen des Festivals aufgeführten Theaterstücke. Die Veranstalter unterhalten eine eigene Webseite, die auch über andere Kulturevents für Schwule und Lesben informiert:

› www.homotopia.net

LOKALE

118 [J10] **Garlands,** 8–10 Eberle Street, Liverpool L2 2AG, Tel. 0151 2363307, www.garland-online.co.uk, Fr. 22–3 Uhr, Sa., So. 22–4 Uhr, Eintritt: 6–10 £. Liverpools größter Gay-Klub repräsentiert seit über einem Jahrzehnt die Kosmopolität der Stadt. Alle Geschlechter, Rassen und Kulturen sind hier willkommen. Nach einem verheerenden Großbrand neu renoviert, ist der Klub längst wieder die Nummer eins in der Stadt, Treffpunkt von Einheimischen und Fremden, die aus der ganzen Welt anreisen. Die reinen Gays unter den Gästen werden aber immer weniger.

119 [J10] **G-Bar,** 1–7 Eberle Street, Liverpool L2 2AG, Tel. 0151 2364416, www.realliverpool.com, tgl. 21–3 Uhr. Homo-Treff, in dem die Drinks preiswerter sind als in vergleichbaren anderen Klubs der Stadt. Am meisten ist auch hier samstags los, manchmal schließt man dann erst morgens um 7 Uhr die Pforten. Der Kellerklub kostet Eintritt.

120 [J10] **Masquerade Bar,** 10 Cumberland Street, Liverpool L 1 6BU, Tel. 0151 2367786, www.masqueradebar.com, Mo.–Sa. 24–11 Uhr. Der perfekte Platz zum Start in den Morgen. Biker fühlen sich hier ebenso wohl wie Lesben. Besonders beliebt ist der Karaoke-Abend am Dienstag, sonntagmittags gibt es Kabarett.

SICHERHEIT

Liverpool gehört **zu Englands sicheren Städten**, auch wenn immer wieder brutale Morde wie zuletzt im August 2007, als ein Elfjähriger beim Spielen auf der Straße erschossen wurde, weltweit Schlagzeilen machen. Mit 128 Straftaten auf 1000 Einwohner steht man statistisch aber deutlich besser da als London oder Manchester. Auch wenn die Kriminalitätszahlen insgesamt einen leichten Anstieg verzeichnen, die Zahl der schweren Gewalttaten ist in den letzten Jahren zurückgegangen. So haben die Autodiebstähle um 23 %, Sexualdelikte um 5 % und Brandstiftungen um 13 % abgenommen. Das liegt auch an „Citysafe“, einem kommunalen Vorbeugungsprogramm, bei dem Polizei, Feuerwehr, Gesundheits- und Verkehrsbehörden mit privaten Organisationen zusammenarbeiten. Es dient vor allem der Drogenbekämpfung und der damit verbundenen Beschaffungskriminalität. Rückläufig ist auch die Zahl der Autoaufbrüche. Probleme bereiten hin und wieder **jugendliche Rowdies**, die unter Alkoholeinfluss randalieren oder Schlägereien anzetteln.

Grundsätzlich gilt: Keine Gegenstände sichtbar im Auto zurücklassen! Auf Großveranstaltungen wie der Beatles Week oder im Einkaufsgedränge in den Shopping Malls sollte man sich zudem vor **Taschendieben** hüten. Besondere Vorsicht ist insbesondere freitag- und samstagabends in den Vergnügungsvierteln geboten.

Der Hang der Liverpudlians zum Trinken kann hin und wieder zu gefährlichen Situationen führen, wenn **Betrunkene auf Krawall aus** sind. Zwar ist die Polizei überall in den gefährdeten Stadtvierteln präsent, besser ist es aber, sich auf Konfrontationen gar nicht erst einzulassen.

Auch in Stadtteilen wie Croxteth sollte man bei Dunkelheit – ebenso wie in Parkanlagen – nicht alleine unterwegs sein. Wenn Sie Informationen haben, die sicherheitsrelevant sind, rufen sie die **kostenfreie Hotline** Tel. 0800 555111 an. Den eigenen Namen braucht man dort nicht zu nennen, unter Umständen erhält man jedoch für sachdienliche Hinweise sogar eine Belohnung.

SPORT UND ERHOLUNG

Liverpool Leisure Centres nennen sich die städtischen Freizeiteinrichtungen wie Schwimmbäder, Saunas, Turn- oder Gymnastikhallen. Dort lassen sich fast alle Arten von Sport wie Basketball, Karate, Aerobic, Schwimmen, Trampolinspringen, Boxen oder Tai Chi treiben. Über die genauen Öffnungszeiten und Eintrittspreise informiert www.liverpool.gov.uk/lifestyles oder Tel. 0151 2333007.

FITNESS

› **Lifestyles Millennium Gym,** Millenium House, Victoria Street, Liverpool L1 6DL, Tel. 0151 2334123, 9–21 Uhr. Gut ausgestattetes Fitnesszentrum in der Stadtmitte.

REITEN

› **Grand National Experience Aintree Racecourse,** Omskirk Road, Aintree, Liverpool L9 5AS, Tel. 0151 5232600, www.aintree.co.uk, Bahnstation: Aintree Station (ab Liverpool Central). Vor den Toren der Stadt findet sich mit Aintree eine der spektakulärsten Pferderennbahnen der Welt. Millionen Fernsehzuschauer verfolgen jährlich den **Grand National Steeplechase,** den traditionellen Hindernislauf im Liverpooler Hinterland. Wegen seiner Anforderungen an die Pferde – Aintrees Massenstürze sind berüchtigt – ist die Veranstaltung unter Tierschützern allerdings sehr umstritten. Wer sich für Pferdesport interessiert, kann die Anlage an der Omskirk Road fast das ganze Jahr über besuchen.

GOLF

Merseyside gilt als Englands Golf-Metropole, finden sich doch in keiner anderen Gegend so viele meisterschaftstaugliche Anlagen. **Royal Birkdale** und **Royal Liverpool** sind die Flaggschiffe britischen Golfsports, Anlagen mit Weltniveau. Wer einfachere Anlagen sucht, sollte die Webseite www.city-visitor.com/liverpool/golf.html zurate ziehen.

▶ *Sightseeing per Bus: Ein alter Doppeldecker lädt zur Stadtrundfahrt*

- **Royal Birkdale Golf Club,** Waterloo Road, Birkdale, Tel. 01704 567920, www.royalbirkdale.com. Der 1889 gegründete Klub gilt als eine der ersten Adressen Englands. Für 125 £ können Besucher mit entsprechendem Handicap-Zertifikat auf dem 18-Loch-Platz am Wochenende eine Runde drehen, allerdings nur nach Voranmeldung.
- **Royal Liverpool Golf Club,** Meols Drive, Hoylake, Wirral, Tel. 0151 6323101, www.royal-liverpool-golf.com. Auch hier sind Gäste gern gesehen. Die Kosten pro Runde liegen zwischen 75 und 185 £.

SEGELN

Liverpools Yachtklub, untergebracht im **Marina und Harbourside Club**, organisiert an vielen Wochenenden kleine oder große Rennen, Kurztrips auch auf die Isle of Man oder nach Schottland. Der Club, nur einen Katzensprung vom Albert Dock entfernt, verfügt außerdem über eine Bar, die Snacks und kleine Mahlzeiten serviert.

- **Liverpool Marina,** Coburg Warf, Sefton Street, Liverpool L3 4BP, Tel. 0151 7076777, www.liverpoolmarina.com

EXTRATIPP

Awesome Walls – Klettern in der Kirche

Lust auf Klettern? Kein Problem in Liverpool, besuchen Sie einfach die St. Albans Church. Im Inneren der Kirche findet sich heute einer der größten Klettergärten Englands mit Routen aller Schwierigkeitsgrade. Für Kinder gibt es eigene Routen, auf denen sie erfahrene Kletterer begleiten.

- ***Awesome Walls Centre in der St. Albans Church,*** *Athol Street/Great Howard Street, Liverpool L5 9TN, Tel. 0151 2982422, www.awesomewalls.co.uk, Mo.–Fr. 10–22 Uhr, Sa.–So. 10–18 Uhr, Eintritt: 6,50 £ (Kinder 5,50 £), Ausrüstung kann geliehen werden: komplett ca. 10 £, Schnupperkurs mit Trainer 17 £*

STADTTOUREN, ORGANISIERTE

„Hop On – Hop Off" („Auf- und Abspringen") lautet das Motto bei **City-Sightseeing Liverpool.** Dies ist sicherlich die einfachste Art, die Stadt zu erobern. Gereist wird in einem oben offenen Doppeldecker-Bus, der an 17 Stationen Halt macht, an denen man jederzeit ein- und aussteigen kann. Das einmal gelöste Ticket ist 24 Stunden gültig.

053lp Abb.: gs

Die Busse operieren täglich ab 10 Uhr, im Sommer bis 17 Uhr, im Winter bis 16 Uhr.

› www.city-sightseeing.com , Tel. 0151 5242250, Fahrpreis: 8 £, Kinder 4 £

Eine völlig andere Art, Liverpool kennenzulernen, ist eine Tour mit einem der gelben Landungsfahrzeuge der **Yellow Duckmarine Tours**, die an Land und zu Wasser operieren. So geht es nach einer kurzen Rundfahrt durch die City ins Wasser, sodass man Liverpools schönste Hafenanlagen aus der Froschperspektive betrachten kann. Bei den Fahrzeugen handelt es sich um einst bei General Motors in den USA gefertigte Militärvehikel für den Zweiten Weltkrieg, die man für den Touristen-Transport erst vor Jahren entsprechend umgebaut hat. Heute bieten sie gut 30 Touristen auf der rund einstündigen Tour Platz. Die Rundfahrten starten täglich ab 10.30 Uhr am Albert Dock ❶ und verkehren bei Interesse bis zur Dämmerung.

› Tel. 0151 7087799, www.theyellowduckmarine.co.uk, Preis je nach Saison: 9,95–11,95 £, Familien-Ticket 29–34 £

Mit den Titeln **Green oder Blue Badge Guide** schmücken sich speziell ausgebildete Reiseführer mit sehr hoher Qualifikation. Sie alle haben eine Prüfung abgelegt und gelten als Fachleute auf ihrem Gebiet, wobei die Blue Badge Guides einen höheren Status genießen und unter Umständen auch besser bezahlt sind. In Liverpool bieten die Blue Badge Guides Führungen auf den Spuren der Beatles oder des Weltkulturerbes an, begleiten durch Stadthalle, Museen und Kathedralen oder auf dem Weg durch Chinatown. Sie haben auch Spezialführungen zu den Themen Freizeit, Einkaufszentren, Gesundheitserziehung usw. im Programm. Und auch die Sehenswürdigkeiten auf der Liverpool

055lp Abb.: gs

gegenüberliegenden Halbinsel Wirral oder der Nachbarstadt Chester kann man mit ihrer Hilfe bestens kennenlernen. Einige, wie der Green Badge Guide Peter Allman, führen **auch in deutscher Sprache.** Über die genauen Termine und Treffpunkte informieren die Touristenbüros.

- Tel. +44 (0)1928566969, www.showmeliverpool.co.uk, Kosten pro Person: 3,50 £

TELEFONIEREN

INFRASTRUKTUR

Die klassischen roten öffentlichen **Telefonzellen** werden immer häufiger durch neue graue Häuschen ersetzt. Telefonzellen akzeptieren 10-p-, 20-p-, 50-p- und 1-Pfund-Münzen. Da nur ungenutzte Münzen zurückgegeben werden, sollte man es vermeiden, für Kurzgespräche große Münzen einzuwerfen. Der Mindestbetrag für ein Inlandsgespräch beträgt 30 p, Ferngespräche kosten mindestens 1,20 £. Viele Telefonzellen akzeptieren auch **Kreditkarten,** dann wird das Telefonieren allerdings deutlich teurer. Es ist übrigens auch möglich, sich in einer Telefonzelle anrufen zu lassen. Die Nummer der jeweiligen Zelle findet man gewöhnlich direkt auf dem Apparat.

◄ *Yellow Duckmarine: Stadt- und Hafenrundfahrt in alten Militärfahrzeugen*

Mobiltelefone funktionieren in der ganzen Stadt. Vor der Abreise sollte man sich allerdings über die sogenannten Roaming-Gebühren des jeweiligen Providers informieren, um Kostenfallen zu vermeiden. Bei längerem Aufenthalt oder vermehrtem Gesprächsbedarf lohnt sich die Anschaffung einer britischen Prepaid-SIM-Karte – vorausgesetzt, man verfügt über ein SIM-Lock-freies Handy.

VORWAHLNUMMERN

- nach Deutschland: 0049
- nach Österreich: 0043
- in die Schweiz: 0041
- von D, A, CH nach Großbritannien: 0044

TIERE

Tiere wie Hunde oder Katzen können Sie nach Liverpool mitnehmen. Allerdings ist das keine gerade billige Angelegenheit, kostet ein Haustier doch mindestens 40–50 € für die Mitnahme auf der Fähre oder durch den Eurotunnel. Zudem gilt es, bestimmte Auflagen zu beachten. Folgende Unterlagen müssen bei der Einreise vorgelegt werden können:

- Beleg über **Tollwut-Impfung,**
- Nachweis über einen **implantierten Mikrochip,** der im Falle des Falles die Suche nach Ihrem Liebling erleichtert,
- **Bluttest** von einem vom Britischen Landwirtschaftsministerium anerkannten Institut, der beweist, dass das Tier ausreichend gegen Tollwut geschützt ist,
- aktuelle Bestätigung des Tierarztes, dass Hund und Katze **weder Zecken noch Bandwürmer** haben.

Auf keinen Fall sollte man versuchen, sein Haustier illegal über die Grenze zu schaffen, denn da kennt

127 [L11] **Parrstreethotel,** 33–45 Parr Street, Liverpool L1 4JN, Tel. 0151 7071050, www.parrstreet.co.uk, Preis: ab 65 £ pro DZ. Mitten in Liverpools Vergnügungsviertel liegen die spartanisch, aber sehr modern ausgestatteten Zimmer über zwei Schallplattenstudios. „Boho chic luxury boutique" nennt sich das Hotelkonzept, das für junge Leute gedacht ist, aber inzwischen auch von älteren angenommen wird.

Gehobene Preiskategorie

128 [H10] **Crowne Plaza,** St. Nicholas Place, Princes Dock, Pier Head, Liverpool L3 1QW, Tel. 0151 2438000, www.crowneplaza.com/liverpooluk, Preis: ab 100 £ pro DZ inkl. engl. Frühstücksbüfett. Schön gelegene Herberge mit eigenem Parkplatz gegenüber dem Royal Liver Building. WLAN gegen Gebühr.

129 [J10] **Hard Days Night Hotel,** North John Street, Liverpool L2 6RR, www.harddaysnighthotel.com, Tel. 0151 2361964, Preis: ab 145 £ pro DZ. Liverpools neustes Hotel, das erst im Februar 2008 seine Pforten in einem denkmalgeschützten Haus öffnete. Zum ersten Beatles-Themen-Hotel gehören zwei Luxus-Suiten und zwei Restaurants. Fast jedes der 110 Zimmer schmücken Bilder von Mike McCartney, dem Bruder Paul McCartneys.

130 [I9] **Radisson Hotel Liverpool,** 107, Old Hall Street, Liverpool L3 9BD, www.liverpool.radissonsas.com, Tel. 0151 9661500, Preis: ab 100 £ pro DZ inkl. Frühstücksbüfett. 4-Sterne-Hotel mit architektonisch faszinierendem Inneren. Die River Suite gilt als schönstes Zimmer in der Stadt. Kostenloses WLAN und Sauna mit Mersey-Blick.

131 [I10] **Thistle Liverpool,** 4 Chapel Street, Liverpool L3 9RE, Tel. 0870 3339137, www.thistlehotels.com, Preis: ab 90 £ pro DZ. Modernes Hotel mit 225

BITTE BEACHTEN!

- *„**Queuing**", zu Deutsch **Schlangestehen,** ist das Gegenteil von Drängeln und eine der schönsten Sitten auf der Insel. So bilden die Engländer an öffentlichen Haltestellen und Kassen, vor Kinos, Museen und Konzerthallen, in Geschäften oder auch beim Besuch von Restaurants, kurz überall, wo größerer Andrang herrscht, gewöhnlich eine Schlange. Statistiker haben ausgerechnet, dass so jeder Einheimische jährlich umgerechnet einen Tag Schlange stehen muss. Zwar wollen Soziologen festgestellt haben, dass die Bereitschaft, geduldig anzustehen, gerade unter jungen Leuten immer weiter abnimmt, diesem Trend sollte man aber nicht folgen.*
- *In Englands öffentlichen Gebäuden, wozu auch Restaurants und Pubs gehören, darf seit Juli 2007 **nicht mehr geraucht** werden. Wer also auf seine Zigarette oder Zigarre nicht verzichten will, muss vor der Kneipe seinem Laster frönen. Rücksichtslosen Paffern drohen saftige Geldstrafen.*
- ***Busreisende** in Liverpool sollten wissen, dass die **Haltestellen weder angezeigt noch ausgerufen** werden. Man sollte also vorher den Fahrer oder Mitreisende fragen, wann man aussteigen muss. An kleineren Haltestellen sollte man dem herannahenden Busfahrer mit Handzeichen zeigen, dass man mitfahren will. Zudem ist es ein Gebot der Höflichkeit zu respektieren, dass ein paar Plätze im Vorderteil jedes Busses für Behinderte und Ältere reserviert sind.*

schön eingerichteten Zimmern und zwei Restaurants. Verlangen Sie unbedingt ein Zimmer mit Blick zum Mersey! Die Hotelbar ist vor allem am Wochenende Treffpunkt größerer Gesellschaften.

CAMPING

Offizielle Campingplätze gibt es in Liverpool nicht. Alternativen finden sich in Southport oder auf der gegenüberliegenden Halbinsel Wirral.

- **Church Farm Caravan Site,** Church Lane, Thurstaston, Wirral CH16 0HW, www.churchfarm.org.uk, Tel. 0151 6487838. Der auf einem Bauernhof gelegene Platz ist sehr kinderfreundlich, für Kinder werden eigene Programme organisiert. Vorausbuchung nötig.
- **Willowbank Holiday Home & Touring Park,** Coastal Road, Ainsdale, Southport PR8 3ST, www.willowbankcp.co.uk, Tel. 0170 4571566. Sehr gut ausgestattete Anlage mit 54 Abstellplätzen, Waschmaschine und Geschirrspüler.
- **Wirral Country Park Caravan Club Site,** Station Road, Thurstaston, Wirral CH6 1OHN, Tel. 0151 6485228, www.caravanclub.co.uk. Inmitten eines riesigen Landschaftsparks gelegene und bei Engländern beliebte Anlage.

VERKEHRSMITTEL

Mersey Travel ist der Dachverband der in der Region operierenden Nahverkehrs-Betriebe. Dazu gehören die Metro, alle Busse und die Mersey-Fähren. In den beiden großen Busbahnhöfen „Queen Square Center" und „Paradise Street Travel Center" gibt es Tickets und detaillierte Fahrpläne.

054lp Abb.: gs

▶ *Schwarze Taxen kann man auch per Hand heranwinken*

- Broschüren-Hotline: Tel. 0151 3301066, tel. Auskunft: 0870 6082608, www.merseytravel.gov.uk

BAHN – METRO

Die **Northern Line** verbindet die Stadt mit Kirkby, Southport und Hunts Cross, die **Wirral Line** mit Ellesmere Port, New Brighton und Chester. Die **City Line** verkehrt unter anderem nach St. Helens. Vier Bahnhöfe gibt es in der Stadt: Liverpool Central, Moorfields, James Street und Lime Street. Lime Street ist zudem der Hauptbahnhof, der Liverpool mit Manchester und London verbindet.

Schwarzfahrern drohen Geldbußen von 20 £. Teuer wird es auch, wenn man mit den Füßen auf den Sitzen erwischt wird. Geldstrafen bis zu 150 € können fällig werden, unter Umständen droht sogar ein Prozess.

- Auskünfte: Northern und Wirral Line Tel. 0151 7022704, City Line Tel. +44 (0)845 6008008, www.merseyrail.org

BUS

Liverpool verfügt über ein **sehr dichtes Busnetz**, das von mehreren Privatfirmen betrieben wird, die alle unterschiedliche Tarife und damit auch Tickets haben. (Arriva heißt der größte Anbieter.) Die Zielorte und

Nummern der Verbindungen sind auf der Frontseite der Busse angezeigt, die gewöhnlich, wie auch die Metro, zwischen 6 und 23 Uhr verkehren. Freitags und samstags gibt es auch zahlreiche Nachtbus-Verbindungen.

Im Allgemeinen erwarten die Fahrer, dass man das Fahrgeld abgezählt bereithält. Das Ticket entnimmt man dann dem Fahrkartenautomaten neben dem Fahrer. Zum Aussteigen drückt man den Halteknopf.

SCHIFF

Auf dem Mersey verkehren noch immer regelmäßig Fähren. Die **drei Fährstationen** sind Woodside in Birkenhead, Seacombe in Wallasey und Pier Head in Liverpool. Von 7.30 bis 9.30 Uhr und 16 bis 19.15 Uhr verkehren die Pendler-Fähren von Montag bis Freitag. Man kann sie auch mit dem Saveaway-Ticket nutzen. Für die rund einstündigen **Rundtouren** („River Explorer Cruises"), die werktags zwischen 10 und 15 Uhr, am Wochenende und Feiertags bis 18 Uhr auf dem Mersey operieren, braucht man allerdings ein eigenes Ticket.

TAXI

Gemessen an anderen großen Städten Europas ist Taxifahren in Liverpool **nicht teuer.** Jedes Fahrzeug hat einen Taxameter, der dem Fahrgast ständig den aktuellen Fahrpreis anzeigt. Die Grundgebühr im Innenstadtbereich beträgt 2 £. Feiertags und nachts (23–6 Uhr) kommen Zuschläge hinzu.

Grundsätzlich gibt es zwei Taxi-Arten: Zum einen die sogenannten „Hackney Cabs" oder **schwarzen Taxis,** die vor allem im Stadtzentrum unterwegs sind. Sie haben ihre festen Standplätze z. B. vor den Bahnhöfen, in Chinatown, Whitechapel oder vor dem Adelphi Hotel und können per Handzeichen überall in der Stadt angehalten werden. Ihnen gegenüber stehen die **privaten Taxis**, die nicht angehalten werden dürfen und per Telefon bestellt werden müssen. In allen Taxis gilt absolutes Rauchverbot.

WETTER UND REISEZEIT

Liverpool ist zu jeder Jahreszeit eine Reise wert. Auf alle Fälle aber gehört **Regenkleidung** ins Reisegepäck, denn die Klimadaten weisen für die Stadt statistisch gesehen das ganze Jahr über Niederschläge aus. Die meisten feuchten Tage zählt man im Dezember und Januar, die wenigsten zwischen Februar und Juni. Schnee und Frost sind am Mersey sehr selten. Die durchschnittlichen Nachttemperaturen sind nur im Sommer zweistellig.

Mit durchschnittlich 20 °C ist es im Juli und August am wärmsten, mit 8–10 °C auch in den regenreichen Wintermonaten tagsüber relativ mild. Das Baden in der Irischen See ist nur etwas für Hartgesottene, erreichen die Wassertemperaturen doch kaum mehr als 15 °C.

Die allgemeine **Reisesaison** beginnt zu Ostern und endet im Spätherbst. Dann sind alle Museen und Freizeitattraktionen geöffnet. Allerdings kann es Ende Juli und im August, vor allem während der Beatles Week, in Liverpool eng werden.

Da Liverpool ein **Ganzjahresziel** ist, sollte man seine Reise auch von den kulturellen Angeboten abhängig machen. Deshalb empfiehlt sich vor der Reise eine entsprechende Recherche.

ANHANG

006lp Abb.: gs

KLEINE SPRACHHILFE

Die folgenden Wörter und Redewendungen wurden dem Reisesprachführer **„Englisch – Wort für Wort“** (Kauderwelsch-Band 64) aus dem Reise Know-How Verlag entnommen.

HÄUFIG GEBRAUCHTE WÖRTER UND REDEWENDUNGEN

Zahlen

1	(wann)	*one*
2	(tuh)	*two*
3	(ðrih)	*three*
4	(fohr)	*four*
5	(feiw)	*five*
6	(ßikß)	*six*
7	(ßäwèn)	*seven*
8	(äit)	*eight*
9	(nein)	*nine*
10	(tänn)	*ten*
11	(ihläwèn)	*eleven*
12	(twälw)	*twelve*
13	(ðörtihn)	*thirteen*
14	(fohrtihn)	*fourteen*
15	(fifftihn)	*fifteen*
16	(ßikßtihn)	*sixteen*
17	(ßäwèntihn)	*seventeen*
18	(äitihn)	*eighteen*
19	(neintihn)	*nineteen*
20	(twänntih)	*twenty*
30	(ðörtih)	*thirty*
40	(fohrtih)	*forty*
50	(fifftih)	*fifty*
60	(ßikßtih)	*sixty*
70	(ßäwèntih)	*seventy*
80	(äitih)	*eighty*
90	(neintih)	*ninety*
100	(hanndrid)	*hundred*

Die wichtigsten Zeitangaben

yesterday	(jäßtèrdäi)	gestern
today	(tuhdäi)	heute
tomorrow	(tuhmohrrou)	morgen
last week	(lahßt wihk)	letzte Woche
every day	(äwwrih dä)	täglich
in the morning	(in ðè mohrning)	morgens
in the afternoon	(in ðih_ ahftèrnuhn)	nachmittags
in the evening	(in ðih_ ihwèning)	abends
early	(öhrlih)	früh
late	(läit)	spät
on time	(on teim)	pünktlich
now	(nau)	jetzt
soon	(suhn)	bald
never	(näwwèr)	nie

Die wichtigsten Fragewörter

who?	(huh)	wer?
what?	(wott)	was?
where?	(wäèr)	wo?/wohin?
why?	(wei)	warum?
how?	(hau)	wie?
how much?	(hau matsch)	wie viel? (Menge)
how many?	(hau männih)	wie viele? (Anzahl)
when?	(wänn)	wann?
how long?	(hau long)	wie lange?

Die wichtigsten Richtungsangaben

on the right	(on ðè reit)	rechts
on the left	(on ðè läfft)	links
to the right	(tuh ðè reit)	nach rechts
to the left	(tuh ðè läfft)	nach links
turn right	(törn reit)	rechts abbiegen
turn left	(törn läfft)	links abbiegen
straight on	(ßträjt on)	geradeaus
in front of	(in front_off)	gegenüber
outside	(autseid)	außerhalb
inside	(inseid)	innerhalb
here	(hi-èr)	hier
there	(ðäèr)	dort
up there	(ap ðäèr)	da oben
down there	(daun ðäèr)	da unten
nearby	(nihrbei)	nah, in der Nähe
far away	(fahr èwäi)	weit weg
round the corner	(raund ðè kohrnèr)	um die Ecke

Die wichtigsten Floskeln & Redewendungen

yes	jäß	ja
no	nou	nein
thank you	ðänk_juh	danke
please	plihs	bitte
Good morning!	gudd mohrning	Guten Morgen!
Good evening!	gudd ihwèning	Guten Abend!
Hello! / Hi!	hällou / hei	Hallo!
How are you?	hau ah juh	Wie geht es Ihnen/dir?
Fine, thank you.	fein ðänk_juh	Danke gut.
Good bye!	gudd bei	Auf Wiedersehen!
Have a good day!	häw_è gudd däi	Einen schönen Tag!
I don't know.	ei dount nou	Ich weiß nicht.
Cheerio!	tschihrio	Prost!
The bill, please!	ðè bill plihs	Die Rechnung, bitte!
Congratulations!	kongrätjuläischènß	Glückwunsch!
Excuse me!	ikßkjuhs mih	Entschuldigung!
I'm sorry.	eim ßorrih	Tut mir Leid!
It doesn't matter.	itt dahsnt mättèr	Das macht nichts.
What a pity!	wott_è pittih	Wie schade!

Die wichtigsten Fragen

Is there a/an ... ?	(is ðäèr è/ènn ...)	Gibt es ...?
Do you have ... ?	(duh juh häw ...)	Haben Sie ...?
Where is/are ... ?	(wäèr is/ah ...)	Wo ist/sind ... ?
Where can I ... ?	(wäèr kähn_ei)	Wo kann ich ... ?
How much is it?	(hau matsch is_itt)	Wie viel kostet das?
What time?	(wott teim)	Um wie viel Uhr?
Can you help me?	(kähn juh hällp mih)	Können Sie mir helfen?
Is there a bus to ... ?	(is ðäèr è_baß tuh ...)	Gibt es einen Bus nach ...?
How are you?	(hau ah juh)	Wie geht es dir/Ihnen?
What's your name?	(wotts juhr näim)	Wie heißt du/heißen Sie?
How old are you?	(hau ould ah juh)	Wie alt bist du/sind Sie?
Where do you come from?	(wär duh juh kamm fromm)	Woher kommen Sie?
Excuse me?	(ikßkjuhs mih)	Wie bitte?

Nichts verstanden? – Weiterlernen!

I don't speak English.	(ei dount spihk in-glisch)	Ich spreche kein Englisch.
Pardon?	(pahdèn?)	Wie bitte?
I don't understand.	(ei dount andèrständ)	Ich habe nicht verstanden.
Do you speak German?	(duh juh spihk dschörmèn?)	Sprechen Sie Deutsch?
How do you say that in English?	(hau duh juh säi ðät in in-glisch?)	Wie heißt das auf Englisch?
What does it mean?	(wott dahs_itt mihn?)	Was bedeutet das?

Die Reiseführer auf einen Blick

Reisehandbücher
Urlaubshandbücher
Reisesachbücher
Edition RKH, Praxis

Algarve, Lissabon
Amrum
Amsterdam
Andalusien
Apulien
Auvergne, Cévennen

Barcelona
Berlin, exotisch
Berlin, Potsdam
Borkum
Bretagne
Budapest

City-Trips mit Billigfliegern, noch mehr
Cornwall
Costa Blanca
Costa Brava
Costa de la Luz
Costa del Sol
Costa Dorada
Côte d'Azur, Seealpen, Hochprovence

Dalmatien Nord
Dalmatien Süd
Dänemarks Nordseeküste
Disneyland Resort Paris
Dresden

Eifel
Elba
El Hierro
Elsass, Vogesen
EM 2008 Fußballstädte
England, der Süden
Erste Hilfe unterwegs
Estland
Europa BikeBuch

Fahrrad-Weltführer
Fehmarn
Föhr
Formentera
Friaul, Venetien
Fuerteventura

Gardasee, Trentino
Georgien
Golf von Neapel, Kampanien
Gomera
Gotland
Gran Canaria
Großbritannien

Hamburg
Helgoland
Hollands Nordseeinseln
Hollands Westküste

Ibiza, Formentera
Irland
Island, Faröer
Istanbul
Istrien

Juist

Kalabrien, Basilikata
Katalonien
Köln
Kopenhagen
Korfu, Ionische Inseln
Korsika
Krakau, Tschenstochow
Kreta
Krim, Lemberg, Kiew
Kroatien

Landgang an der Ostsee
Langeoog
La Palma
Lanzarote
Latium mit Rom
Leipzig
Ligurien, Cinque Terre
Litauen
London

Madeira
Madrid
Mallorca
Mallorca, Leben/Arbeiten
Mallorca, Wandern
Malta, Gozo, Comino
Mecklenb./Brandenb.: Wasserwandern
Menorca
Montenegro
Moskau
Motorradreisen
München

Norderney
Nordseeinseln, Dt.
Nordseeküste Niedersachsens
Nordseeküste Schleswig-Holstein
Nordspanien, Jakobsweg
Nordzypern
Normandie
Norwegen

Ostseeküste Mecklenburg-Vorp.
Ostseeküste Kreuzfahrthäfen

REISE KNOW-HOW

Ostseeküste
Schleswig-Holstein
Outdoor-Praxis

Paris
Piemont, Aostatal
Polen Ostseeküste
Polens Norden
Polens Süden
Provence
Provence, Templer
Pyrenäen

Rhodos
Rom
Rügen, Hiddensee
Ruhrgebiet
Rumänien, Rep. Moldau

Sächsische Schweiz
Salzburg, Salzkammergut
Sardinien
Schottland
Schwarzwald, südl.
Schweden, Astrid Lindgrens
Schweiz, Liechtenstein
Sizilien, Liparische Inseln
Skandinavien, der Norden
Slowakei
Slowenien, Triest
Spaniens Mittelmeerküste
Spiekeroog
Stockholm, Mälarsee
St. Petersburg
St. Tropez und Umgebung
Südnorwegen
Südwestfrankreich
Sylt

Teneriffa
Tessin, Lago Maggiore
Thüringer Wald

Toscana
Tschechien
Türkei, Hotelführer
Türkei, Mittelmeerküste

Ukraine, der Westen
Umbrien
Usedom

Venedig

Wales
Wangerooge
Warschau
Wien

Zypern, der Norden
Zypern, der Süden

Wohnmobil-Tourguides

Dänemark
Kroatien
Provence
Sardinien
Sizilien
Südnorwegen
Südschweden

Edition RKH

Durchgedreht –
Sieben Jahre im Sattel
Eine Finca auf Mallorca
Geschichten aus dem
anderen Mallorca
Mallorca für Leib u. Seele
Rad ab!

Praxis

Aktiv Algarve
Aktiv Andalusien
Aktiv Dalmatien
Aktiv frz. Atlantikküste
Aktiv Gardasee
Aktiv Gran Canaria
Aktiv Istrien
Aktiv Katalonien
Aktiv Polen
Aktiv Slowenien
All inclusive?
Bordbuch Südeuropa
Canyoning
Clever buchen,
besser fliegen
Clever kuren
Clever reisen Wohnmobil
Drogen in Reiseländern
Expeditionsmobil
Feste Europas
Fiestas Spanien
Fliegen ohne Angst
Frau allein unterwegs
Fun u. Sport im Schnee
Geolog. Erscheinungen
Gesundheitsurlaub
in Dtl. Heilthermen
GPS f. Auto, Motorrad
GPS Outdoor-Navigation
Handy global
Höhlen erkunden
Hund, Verreisen mit
Inline Skating
Inline-Skaten Bodensee
Internet für die Reise
Islam erleben
Kanu-Handbuch
Kartenlesen
Kommunikation unterw.
Kreuzfahrt-Handbuch

Praxis, KulturSchock

REGISTER

A

B

C

D

E

F

G

H

I

J

K

L

CITYATLAS

007lp Abb.: gs

1 cm = 600 m
0
1 km
2 km
River Mersey
Kirkdale
Bankhall
Sandhills
Anfield
90
Walton Lane
Regent Road
Derby Road
Stanley Road
Commercial Road
Scotland Road
Boundary Street
Howard Street
Vauxhall
Vauxhall Road
Everton
Egremont
Seabank Road
King Street
Brighton Street
Liscard Road
Kingsway
Leeds Street
Byrom St.
Bath Street
Mersey Tunnel - Toll
Moorfields
Dale Street
St. George's Hall
Lime Street
New Islington
Kensington
Pembroke Pl.
University of Liverpool
Edge
Whitley Gds.
Port of Liverpool Bldg.
The Cavern Club
Chavasse Park
Albert Dock
Park Lane
Myrtle Street
Liverpool Women's Hosp.
Liverpool Cathedral
Great George Str.
Upper Parliament Street
LIVERPOOL
Seacombe
Dock Road
Cleveland Street
Conway Street
Hamilton Square
Conway Park
Queensway (Mersey Tunnel - Toll)
BIRKENHEAD
Birkenhead Central
Clifton Park
Green Lane
New Chester Road
Borough Road
Park Road
Toxteth
Princess Park
97
Brunswick
Ullet
Devonshire Park
TRANMERE
Rock Ferry By-Pass
Rock ferry
Rock Ferry
Dingle
St. Michael's
St. Michael's Hamlet
Dacre Hill
Woodhey
Higher Bebington
Bebington
NEW FERRY
76
106
A5038
A565
A5036
A567
A554
A5227
134
137
138
141
23
24
25
26
27
9

87
Walton Queens Drive
Clubmoor
West Derby Village
West Derby
Townsend Lane
104
West Derby Queens Drive
Cabbage Hall
Tue Brook
Sandfield Park
121
Mill Yard
Stoneycroft
East Prescot Road
Little Bongs
Fairfield
Old Swan
Knotty Ash
Dovecot
Elm Park
Prescot Road
Stanley
Swanside
Oak Vale Park
Oak Hill Park
Edge Lane Drive
Stoneycroft
Lane Drive
Broad Green
M62
Queens Drive
Wavertree Technology Park
Bowring Park
Court Hey
30
Sandown Park
Edge Hill
Victoria Park
99
Smithdown Road
Wavertree
Wavertree Green
CHILDWALL
93
A5089
Mossley Hill Queen's Drive
Smithdown Road
98
Menlove Avenue
Road
22
102
Woolton Park
Sefton Park
39
88
A5058
49
Woolton Hill
Aigburth Road
Mossley Hill
Mossley Hill
Calderstones
20
Menlove Avenue
Aighburth Vale
78
101
100
15
Woolt
21
Aigburth Road
Hillfoot Road
West Allerton
Otterspool
Allerton
Aighburth
Aigburth
A561
Grassendale
A562
Allerton
1
2
3
4
5
6
7
8
9
10
11
12
13
14
15
16
17
18
19
20
21
22
23
24
Q
R
S
T
U
V
W
X
Y
Z
a
b
c
d
e

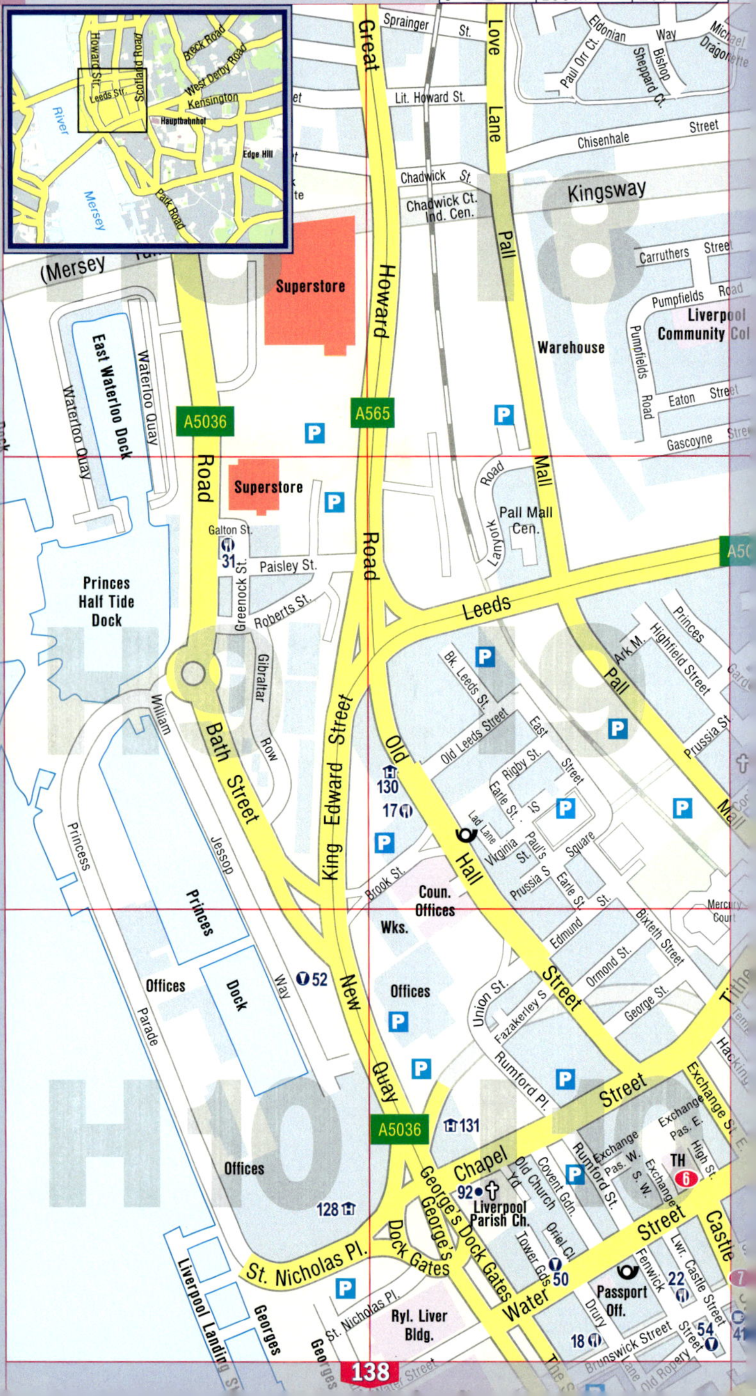
1 cm = 75 m
0
100 m
200 m
Breck Road
West Derby Road
Kensington
Howard St.
Scotland Road
Leeds Str.
Hauptbahnhof
River
Edge Hill
Mersey
Park Road
Sprainger St.
Great Howard Road
Love Lane
Eldonian Way
Michael Dragonette
Paul Orr Ct.
Bishop Sheppard Ct.
Lit. Howard St.
Chisenhale Street
Chadwick St.
Chadwick Ct. Ind. Cen.
Kingsway
Pall Mall
(Mersey
Superstore
Carruthers Street
Pumpfields Road
Liverpool Community Col
Warehouse
Pumpfields Road
Eaton Street
Gascoyne Stree
East Waterloo Dock
Waterloo Quay
West Waterloo Dock
A5036
A565
P
Superstore
Road
Pall Mall Cen.
Lanyork Road
Galton St.
31
Paisley St.
Greenock St.
Roberts St.
Princes Half Tide Dock
Leeds Street
A50
Princes
Highfield Street
Ark M.
Gard
Gibraltar Row
William Jessop Way
Bath Street
King Edward Street
Old Hall Street
Bk. Leeds St.
Old Leeds Street
East Street
Rigby St.
Earle St.
St. Paul's Square
Prussia St.
130
17
Lad Lane
Virginia St.
Prussia S
Earle St.
Brook St.
Coun. Offices
Wks.
Edmund St.
Mercury Court
Bixteth Street
Princess Parade
Princes Dock
Offices
Dock
52
New Quay
Offices
Union St.
Fazakerley S
Ormond St.
George St.
Tithe
Hacking
Rumford Pl.
Street
Exchange St. E.
Exchange Pas. E.
Exchange Pas. W.
S. W.
Exchange
High St.
TH
6
A5036
131
Chapel Street
Rumford St.
Old Church Yd
Covent Gdn.
92
Liverpool Parish Ch.
Offices
128
St. Nicholas Pl.
George's Dock Gates
Dock Gates
Tower Gds
Oriel Cl.
50
Water Street
Passport Off.
Fenwick Street
22
Lwr. Castle Street
Castle
Drury Lane
18
Brunswick Street
Old Ropery
54
St. Nicholas Pl.
Ryl. Liver Bldg.
Georges
Liverpool Landing St
7
41

138

The Trinity
Vauxhall
Eldon Pl.
Titchfield St.
Bevington St.
Limekiln La.
Ennerdale St.
Scotland
Arley St.
Summer
Seat
Ford
Street
Wellington St.
A59
Aldersley St.
Road
Juvenal Street
Grosvenor Street
Chaucer St.
Comm.
Blackstock
Street
Bevington Bush
Rose Pl.
Rose Hill
Peover St.
Comus Street
Paul
Street
St. Bartholomew Road
Atlantic Point
Gardner's Row
Edgar St.
Liverpool
City College
A5038
Oriel
Street
Naylor
Freemason's Row
Phillips St.
Freemason's Row
Street
Scotland
Scotland
Addison Way
Holy Cross Cl.
St. Stephen's Pl.
Mazenod Ct.
A5053
Stockdale Cl
Waldron Cl.
Addison
Street
Holy Cross Catholic Prim. School
Liverpool John Moores University
Midghall Street
Westmorland Drive
Road
Marlborough St.
Henry Edward St.
Fontenoy Street
Gardens
Pickop St.
Marybone
Johnsons
Standish St.
Lace Street
St.
Tomm Mann Cl
Cockspur St.
Lwr. Milk St.
Gt. Crosshall Street
Byrom
Hunter
Hunter
Churchill Way North
Fontenoy Street
Cockspur St.
Pownall Sq.
Smithfield St.
Univ.
Street
Hatton
Primrose Hill
Webster St.
Univ.
Trueman St.
North Street
Street
Highfield St.
Cuerden Street
Picton Hall
Liverpool Museum
10
79
Hall
Cheapside
A5038
Gdn.
Kingsway Ho.
Cunlife St.
Cheapside All.
Vernon
Street
Tunnel Entrance
William Brown Street
13
91
Mercury Court
Moorfields
Mag. Ct.
Tithe-Barn
Hackenhall All.
Moorfields
Hale St.
Old Hay Market
St. John's Gdn.
St. George's Hall
9
Old Hay Market
21
Prestons S.
Crosshall
Ryleys Gdns.
Tempest Hey
Eberle St.
Leather La.
119
118
A57
Thomas
Stanley
Davies St.
Cumberland St.
120
27
Street
Livestyles
St. John's Lane
St. George's Pl.
Hackins Hey
Millennium House
29
Progress Pl.
37
Street
Peter St.
77
72
Royal Ct. Theatre
St. George's Pl.
Dale
Temple St.
Queen Square
Princes St.
Temple La.
53
North John Street
Chapel
Street
Dawson St.
109
St.
36
Temple Ct.
5
4
126
Sweeting
Victoria
Street
Brythen St.
Liverpool Playhouse
129
63
10
Union Ct.
Richmond St.
Rainford Gs.
Mathew St.
Cook St.
8
30
Houghton
70
7
Cavern Quarter
Rainford Sq.
Houghton La
Street
1
108
Elliot Sq.
41
Harrington
Street
Button St.
Leigh St.
Leigh St.
Williamson Street
Street
St.
Great Charlotte
2
Dorans La.
Tarleton
Basnett Street
Leigh
Tyrer S
Lord Street
Street
136
139

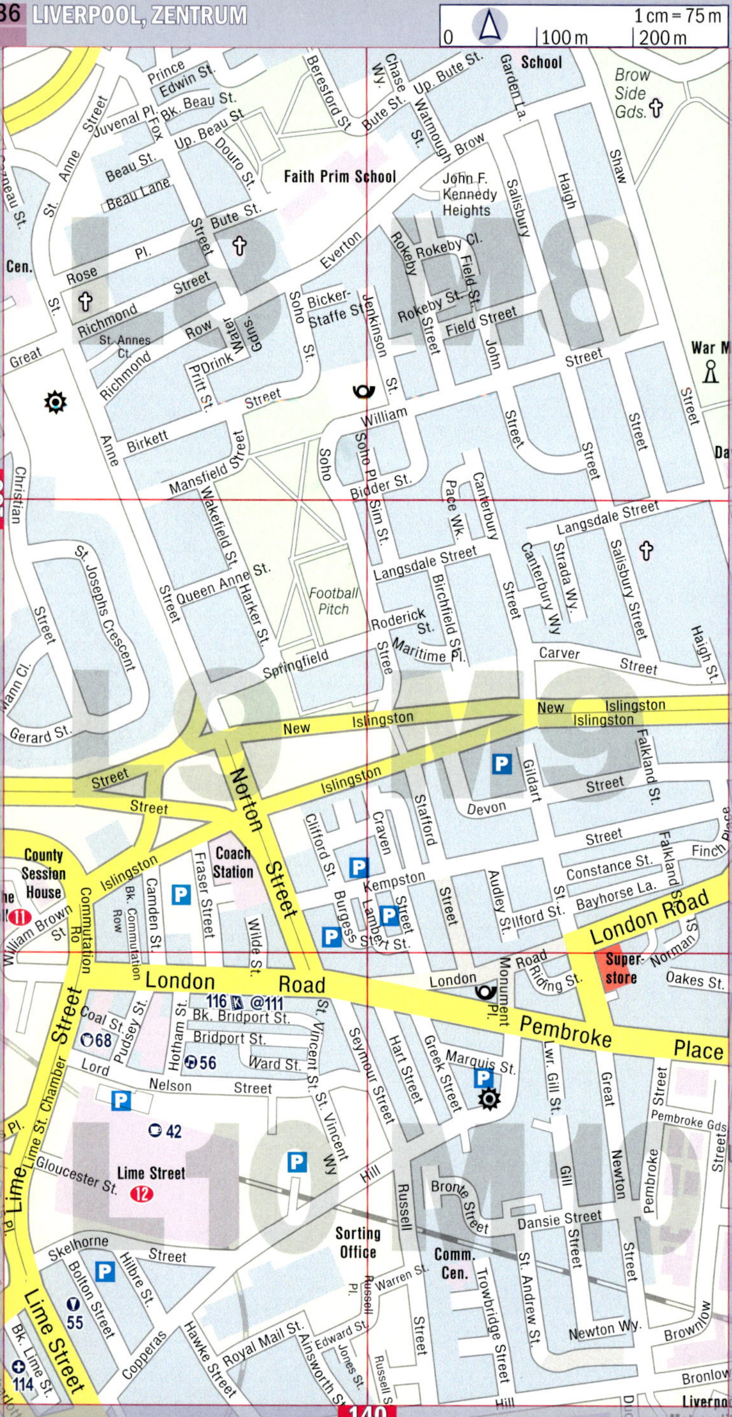
1 cm = 75 m
0
100 m
200 m
School
Brow Side Gds.
Prince Edwin St.
Bk. Beau St.
Juvenal Pl.
Fox
Up. Beau St.
Douro St.
Beresford St.
Chase Wy.
Bute St.
Up. Bute St.
Watmough St.
Garden La.
Brow
Faith Prim School
John F. Kennedy Heights
Salisbury
Haigh
Shaw
St. Anne Street
Beau St.
Beau Lane
Bute St.
Street
Cazneau St.
Cen.
Rose Pl.
Everton
Rokeby
Rokeby Cl.
Field St.
Rokeby St.
Field Street
Street
Richmond Row
Street
St. Annes Ct.
Richmond
Water
Gdns.
Drink
Pritt St.
Soho St.
Bicker-Staffe St.
Jenkinson St.
John
War Mem
Great
Street
William
Birkett
Anne
Street
Street
Street
Street
Day
Mansfield Street
Soho Pl.
Soho
Bidder St.
Canterbury
Pace Wk.
135
Christian
Wakefield St.
Sim St.
Langsdale Street
Langsdale Street
St. Josephs Crescent
Street
Queen Anne St.
Harker St.
Football Pitch
Roderick St.
Birchfield St.
Street
Canterbury Wy
Strada Wy.
Salisbury Street
Haigh St.
Maritime Pl.
Carver Street
Springfield
Street
Mann Cl.
Gerard St.
New Islington
New Islington
Islington
Norton Street
Islington
Gildart
Falkland St.
Street
Street
Devon Street
Stafford Street
Craven
Clifford St.
Finch Place
County Session House
Coach Station
Kempston Street
Constance St.
Falkland St.
Islington
Fraser Street
Camden St.
Bk. Commutation Row
Commutation Row
Burgess
Lambert St.
Street
Audley St.
Ilford St.
St.
Bayhorse La.
London Road
The Walk
11
William Brown St.
Wilde St.
Norman St.
Super-store
London Road
London
Monument Pl.
Road
Riding St.
Oakes St.
91
Coal St.
Pudsey St.
Hotham St.
116
@111
Bk. Bridport St.
Bridport St.
St. Vincent St.
Seymour Street
Hart Street
Greek Street
Pembroke Place
68
56
Ward St.
Marquis St.
Lwr. Gill St.
Great Newton
Street
Pembroke Gds.
Street
Lord Nelson Street
St. Vincent Wy
Lime St. Chamber Street
42
Hill
Gill
Pembroke
Lime
Gloucester St.
Lime Street
12
Russell
Bronte Street
Dansie Street
Street
Street
Sorting Office
Comm. Cen.
Skelhorne Street
Hilbre St.
Bolton Street
55
Lime Street
Bk. Lime St.
114
26
Copperas
Hawke Street
Royal Mail St.
Ainsworth St.
Edward St.
Jones St.
Russell Pl.
Warren St.
Street
Russell St.
Trowbridge Street
St. Andrew St.
Newton Wy.
Brownlow
Bronlow
Hill
Liverpool Metropolitan
L3 M8
L9 M9
L10 M10

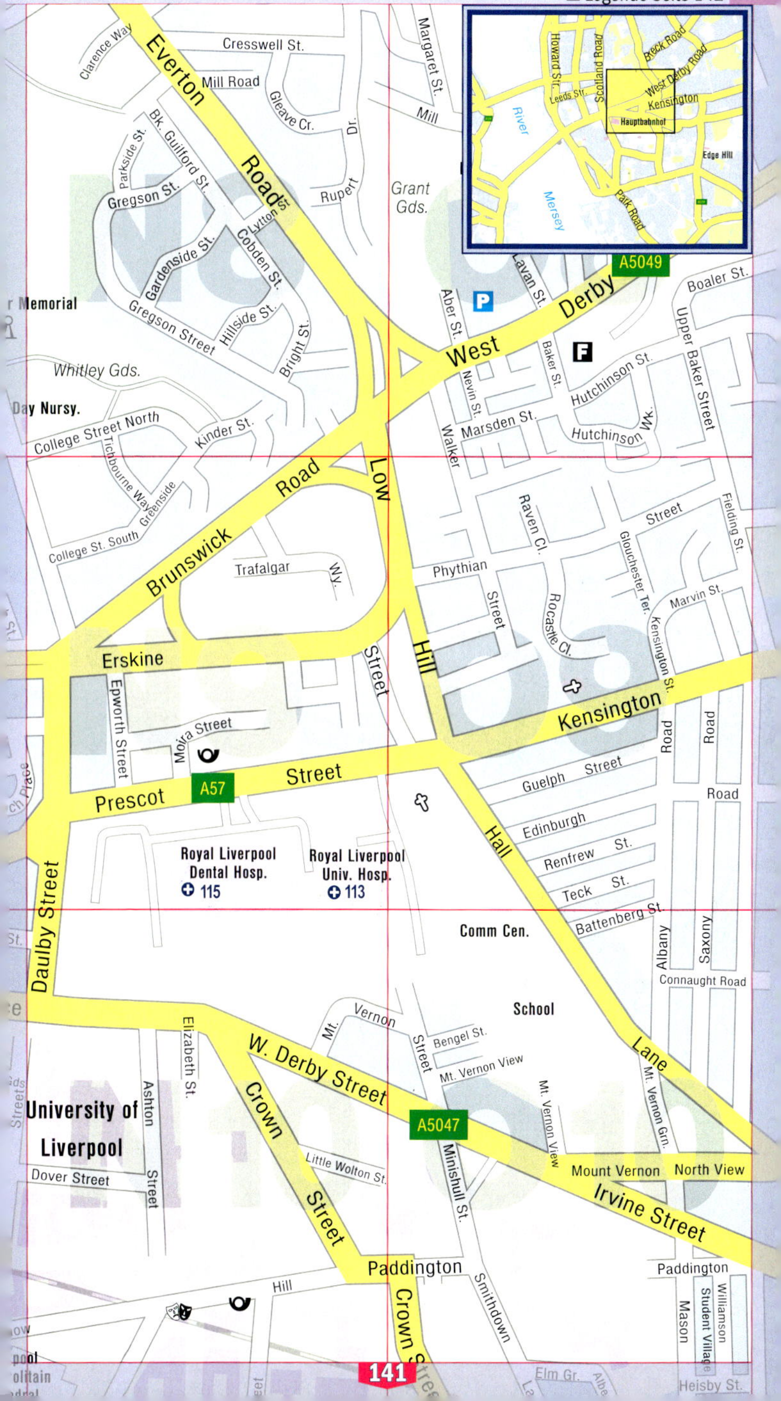
Howard St.
Scotland Road
Breck Road
West Derby Road
Leeds Str.
Kensington
Hauptbahnhof
River
Mersey
Edge Hill
Park Road
Clarence Way
Everton
Road
Cresswell St.
Mill Road
Gleave Cr.
Margaret St.
Mill
Dr.
Rupert
Grant Gds.
Parkside St.
Bk. Guilford St.
Gregson St.
Lytton St
Gardenside St.
Cobden St.
Gregson Street
Hillside St.
Bright St.
Memorial
Whitley Gds.
Day Nursy.
College Street North
Kinder St.
Tichbourne Way
Greenside
College St. South
Brunswick
Road
Low
Hill
Lavan St.
Aber St.
A5049
Boaler St.
West
Derby
Baker St.
Nevin St.
Hutchinson St.
Upper Baker Street
Walker
Marsden St.
Hutchinson Wk.
Raven Cl.
Street
Fielding St.
Gloucester Ter.
Trafalgar
Wy.
Phythian
Street
Rocastle Cl.
Marvin St.
Kensington St.
Erskine
Street
Epworth Street
Moira Street
Kensington
Road
Road
A57
Prescot
Street
Guelph
Street
Road
Edinburgh
Hall
Renfrew
St.
Teck
St.
Royal Liverpool Dental Hosp.
115
Royal Liverpool Univ. Hosp.
113
Battenberg St.
Comm Cen.
Albany
Saxony
Connaught Road
Daulby Street
School
Vernon
Mt.
Bengel St.
Street
Elizabeth St.
W. Derby Street
Mt. Vernon View
Mt. Vernon View
Lane
Mt. Vernon Grn.
Crown
Ashton
A5047
University of Liverpool
Street
Dover Street
Little Wolton St.
Minishull St.
Mount Vernon
North View
Irvine Street
Street
Paddington
Paddington
Hill
Crown St
Smithdown
Mason
Student Village
Williamson
Elm Gr.
Heisby St.

141

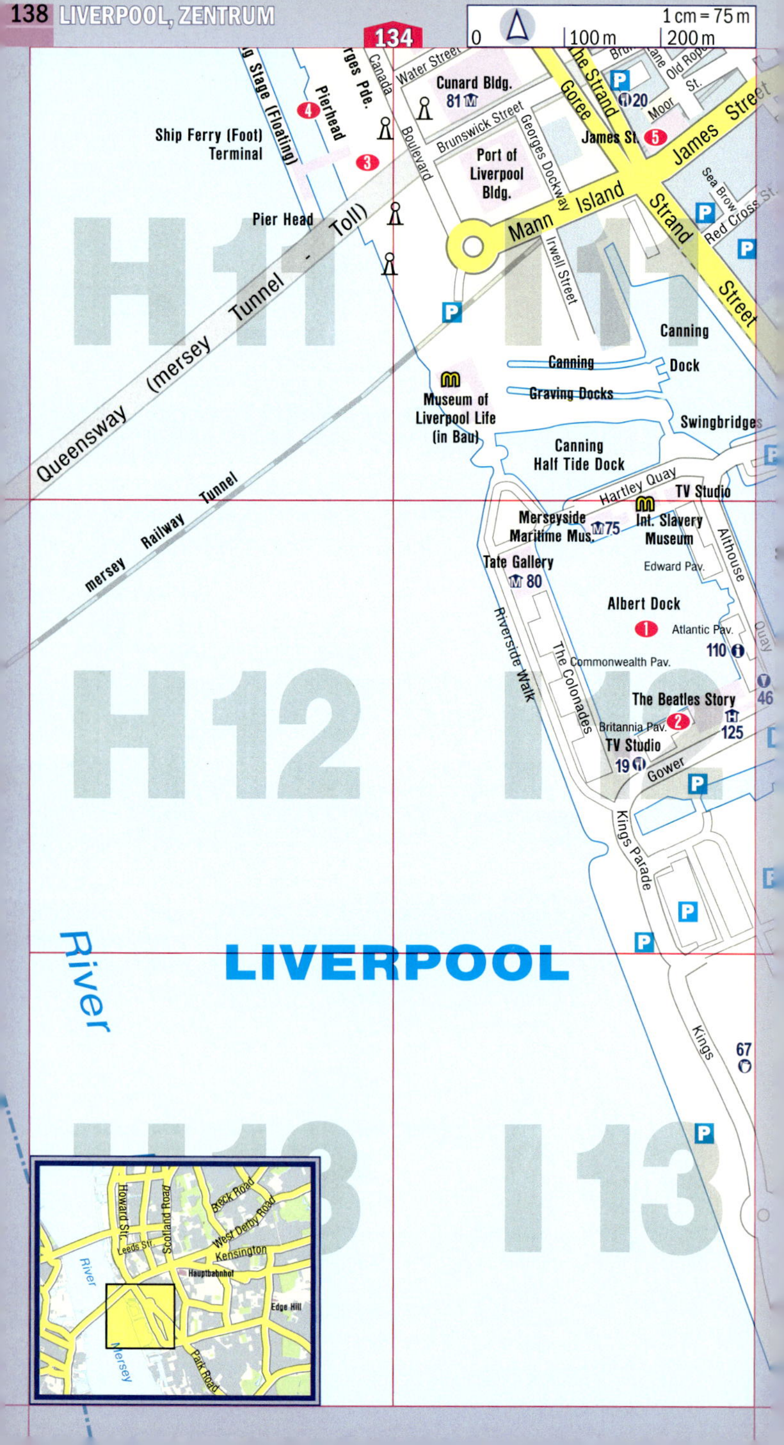
134
0
100 m
200 m
1 cm = 75 m
Cunard Bldg.
81
Water Street
Canada
Pierhead
Georges Pde.
Ship Ferry (Foot) Terminal
Brunswick Street
Georges Dockway
Port of Liverpool Bldg.
Goree
The Strand
20
Moor
Old Rope
St.
James St.
James Street
Boulevard
Pier Head
Queensway (mersey Tunnel - Toll)
Mann Island
Irwell Street
Strand Street
Sea Brow
Red Cross St.
Canning
Canning Dock
Canning Graving Docks
Museum of Liverpool Life (in Bau)
Swingbridges
Canning Half Tide Dock
Hartley Quay
TV Studio
Merseyside Maritime Mus.
75
Int. Slavery Museum
Althouse
Edward Pav.
Tate Gallery
80
mersey Railway Tunnel
Albert Dock
Atlantic Pav.
110
Quay
Riverside Walk
The Colonades
Commonwealth Pav.
46
The Beatles Story
Britannia Pav.
125
TV Studio
19
Gower
Kings Parade
H11
I11
H12
I12
H13
I13
River
LIVERPOOL
Kings
67
Howard Str.
Scotland Road
Breck Road
West Derby Road
Leeds Str.
Kensington
River
Hauptbahnhof
Edge Hill
Mersey
Park Road

135
140
Lord Street
Cable St.
Sth. John St
Back Lord St.
Derby Square
Church
School Lane
Church All.
Brooks All.
Leigh Pl.
Parker Street
Cases St.
Ranelagh St.
Bold Street
Lyceum Pl.
City Law Courts
Bus Station
Bluecoat Cen.
College La.
Peter's La.
Manesty's La.
Paradise Street
White Street
Liverpool One
Chavasse Park
Canning Place
Hanover Street
Seel Street
Wood Street
Fleet Street
Concert Street
Gradwell Street
Wolstenholme Square
Duke Street
Campbell Street
Tunnage Sq.
Parr Street
Slater Pl.
Slater Street
Henry Street
Yellow Submarine
Police Headquarter
Park
Seddon St.
Cleveland Sq.
Argyle Street
Salthouse Dock
Lakeland Cl.
York Street
Lydia Ann Street
Comm. Cen.
Maritime Wy.
Forrest St.
Liver Street
Pownall St.
Beckwith St.
Carpenters Rw.
Upper Surrey St.
Greetham St.
Gilbert Street
Suffolk Street
Prim. School
Quay
Street
Wapping
South Quay
Wapping Basin
Grayson St.
Shaws Alley
Up. Pownall St.
Cornhill
Tabley St.
Hurst Street
Burton Cl.
Sparling St.
Dickinson St.
Frederick Street
Pitt St.
Up. Pitt St.
Cornwall St.
Kent Street
Kent Gds.
Grenville Street
Youth Cen.
Royal Quay
A5036
Warehouses
Sparling Street
Wks
Wapping Quay
King Dock Street
Dock Ct.
Jamaica St.
James Street
Nelson St.
Wapping Dock
Blundell Street
Kitchen Street
Simpson Street
Bridge
Water Street
Watkinson Street
Norfolk Street
Brick Street
Flint Street
Jordan Street
Newbird Street
Greenland Street
Chaloner Street
Wharf
Queens Wapping Bri.
Queens Dock Comm. Cen.
Casino
Parliament Street
Queens
Customs & Excise
Parade
Queens Dock

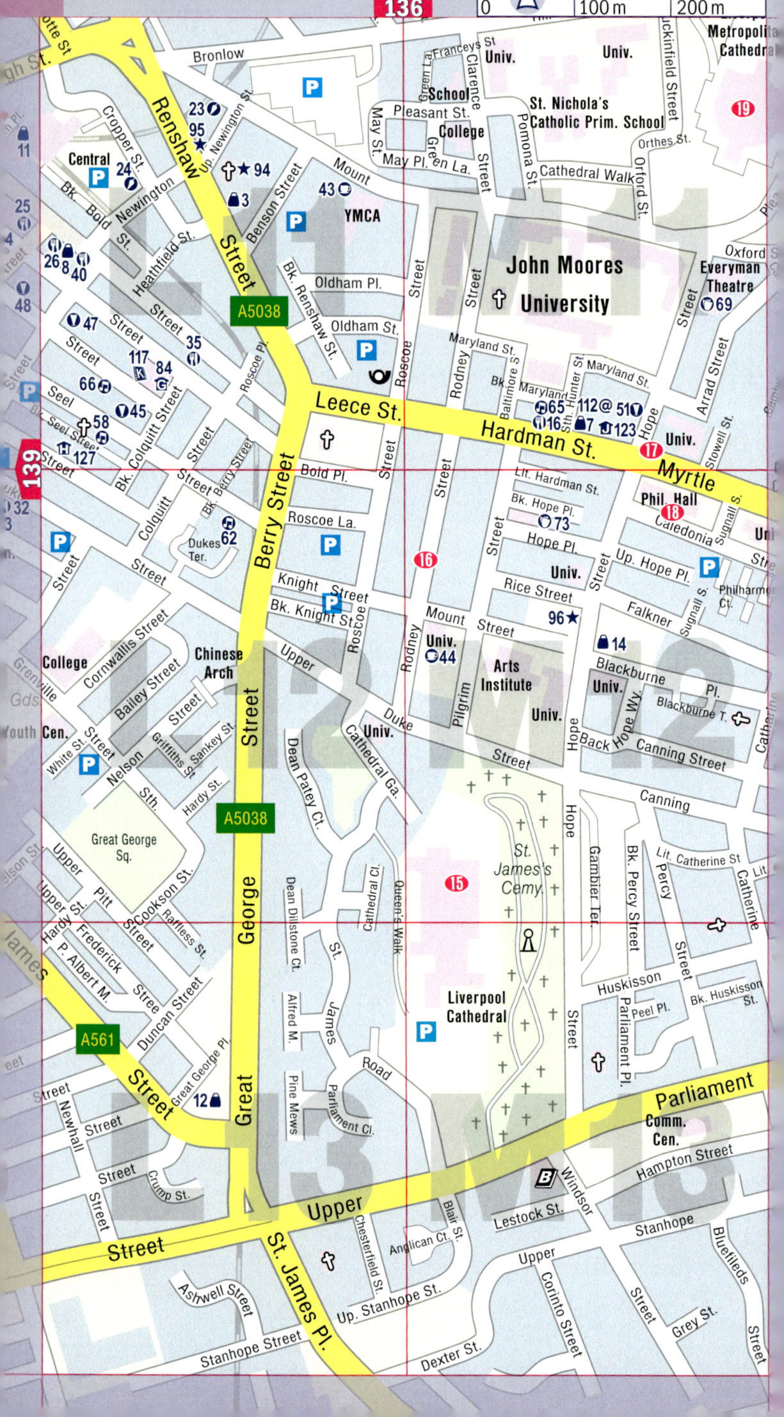

1 cm = 75 m
0
100 m
200 m
136
139
Renshaw Street
Berry Street
Great George Street
St. James Pl.
Upper Parliament Street
Leece St.
Hardman St.
Myrtle
A5038
A561
Bronlow
Cropper St.
Up. Newington St.
Central
Bk. Bold St.
Newington
Heathfield St.
Benson Street
Mount
YMCA
Bk. Renshaw St.
Oldham Pl.
Oldham St.
Roscoe Pl.
Roscoe Street
Rodney Street
Seel Street
Bk. Seel Street
Colquitt Street
Bk. Colquitt Street
Bk. Berry Street
Bold Pl.
Roscoe La.
Knight Street
Bk. Knight St.
Dukes Ter.
Duke Street
Upper Duke Street
Cornwallis Street
Bailey Street
Chinese Arch
College
Grenville Gds.
Youth Cen.
White St.
Nelson Street
Griffiths St.
Sankey St.
Sth. Hardy St.
Great George Sq.
Upper Pitt Street
Cookson St.
Raffless St.
Upper Hardy St.
Frederick Street
P. Albert M.
Duncan Street
Great George Pl.
Newhall Street
Crump St.
Ashwell Street
Stanhope Street
Up. Stanhope St.
Dexter St.
Chesterfield St.
Anglican Ct.
Blair St.
Dean Patey Ct.
Cathedral Ga.
Dean Dilstone Ct.
Cathedral Cl.
Queen's Walk
St. James Road
Alfred M.
Pine Mews
Parliament Cl.
Liverpool Cathedral
St. James's Cemy.
Mount Street
Pilgrim
Arts Institute
Univ.
Hope Street
Gambier Ter.
Bk. Percy Street
Percy Street
Lit. Catherine St
Catherine Street
Huskisson Street
Bk. Huskisson St.
Peel Pl.
Parliament Pl.
Comm. Cen.
Hampton Street
Windsor
Lestock St.
Stanhope
Upper Stanhope
Corinto Street
Bluefields Street
Grey St.
Canning Street
Back Hope Wy.
Blackburne Pl.
Blackburne T.
Falkner Street
Sugnall St.
Philharmonic Ct.
Rice Street
Up. Hope Pl.
Hope Pl.
Bk. Hope Pl.
Lit. Hardman St.
Caledonia
Phil. Hall
Maryland St.
Bk. Maryland
Baltimore St.
Sth. Hunter St.
Arrad Street
Oxford St.
Everyman Theatre
John Moores University
Cathedral Walk
Orford St.
Orthes St.
Pomona St.
St. Nichola's Catholic Prim. School
Pleasant St.
College
School
May St.
May Pl.
Green La.
Clarence Street
Franceys St
Metropolitan Cathedral
Brownlow
Bk. Hope Pl.
L1
M11
L12
M12
L13
M13

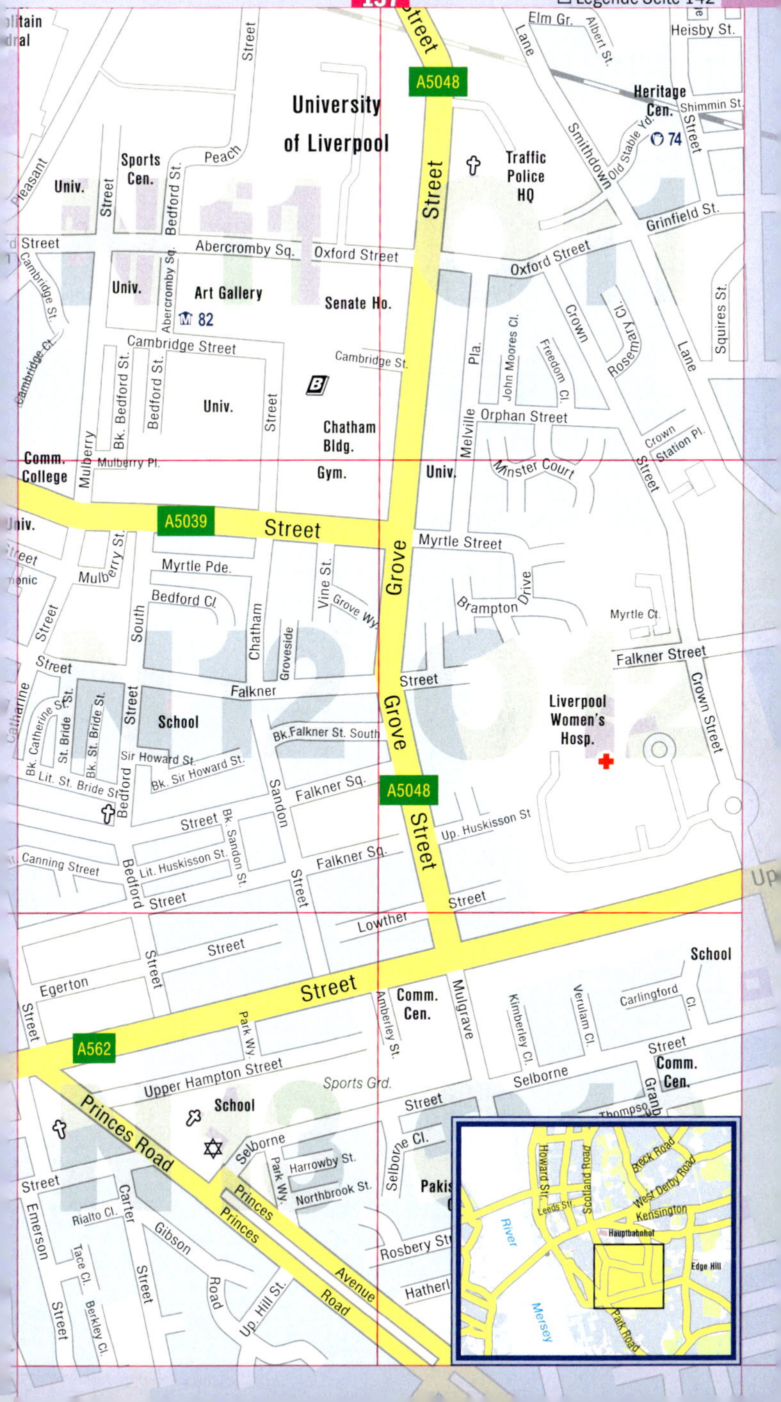
137
University of Liverpool
A5048
Traffic Police HQ
Heritage Cen.
74
Sports Cen.
Univ.
Art Gallery
82
Senate Ho.
Chatham Bldg.
Gym.
Comm. College
A5039
Grove Street
Myrtle Street
Falkner Street
School
Liverpool Women's Hosp.
Oxford Street
Abercromby Sq.
Cambridge Street
Mulberry Pl.
Orphan Street
Minster Court
Myrtle Pde.
Bedford Cl.
Bk. Falkner St. South
Sir Howard St.
Falkner Sq.
Up. Huskisson St
Canning Street
Lit. Huskisson St.
Lowther Street
Egerton Street
A562
Upper Hampton Street
Sports Grd.
Comm. Cen.
Mulgrave
Princes Road
Princes Avenue
Selborne
Harrowby St.
Northbrook St.
Rosbery St
Rialto Cl.
Gibson
Up. Hill St.
Smithdown Lane
Grinfield St.
Crown Street
Melville Pla.
John Moores Cl.
Freedom Cl.
Rosemary Cl.
Squires St.
Brampton Drive
Myrtle Ct.
Carlingford Cl.
Verulam Cl.
Kimberley Cl.
Amberley St.
Park Wy.
Emerson Street
Carter Street
Tace Cl.
Berkley Cl.
Howard St.
Scotland Road
Breck Road
West Derby Road
Kensington
Leeds Str.
River Mersey
Hauptbahnhof
Edge Hill
Park Road

LEGENDE DER KARTENEINTRÄGE

1 Cavern Walks [J10]
2 Clayton Square Shopping Centre [K10]
3 Grand Central Hall [L11]
4 St. John's Shopping Centre [K10]
5 The Met Quarter [J10]
6 3Beat Records [K11]
7 Bulletproof [M11]
8 News From Nowhere [L11]
9 Stanley Dock Heritage Market [H7]
10 The Beatles Shop [J10]
11 The Cake Shop Liverpool [K11]
12 The Wedding House [L13]
13 Farmers Market Monument Square [K10]
14 Hope Street Farmers Market [M12]
15 Woolton Village Farmers Market [e18]
16 Bistro Chaques [M11]
17 Filini [I9]
18 Meet Argentina [I10]
19 Pan American Club [I12]
20 Simply Heathcotes [I11]
21 Sultan's Palace [K10]
22 The Restaurant Bar and Grill [I10]
23 Green Fish Cafe [L11]
24 The Egg Cafe [L11]
25 Quynny's Quisine [K11]
26 Meet Brazilian [L11]
27 River Bar & Grill [J10]
28 Buffet Star [K11]
29 Thomas Rigbys [J10]
30 Bistro Pierre [J10]
31 Bacchus Taverna [H9]
32 Il Forno [K12]
33 Sapporo Teppanyaki [K12]
34 Savina [K12]
35 London Carriage Work [L11]
36 Pizza Express [J10]
37 Algarve Portugese Restaurant [J10]
38 St. Petersburg Russian Restaurant & Dining Club [K11]
39 Esteban Tapas Bar [R16]
40 Euro Istanbul [L11]
41 Caffe Nero [J10]
42 Costa Coffee [L10]
43 Kimo's [L11]
44 Mezzanine Café Bar [M12]
45 Alma de Cuba [L11]
46 Babycream [J12]
47 Jacaranda [L11]
48 Korova [K11]
49 Negresco [Q17]
50 Newz Brasserie [I10]
51 Philharmonic Dining Room [M11]
52 Plum [H10]
53 The Living Room [J10]
54 The Slaughterhouse [I10]
55 The Vines [L10]
56 Carling Academy [L10]
57 Camel Club [K11]
58 Circus [L11]
59 Le Bateau [K11]
•60 Leo Casino [K13]
61 Modo [K11]
62 The Blue Angel [L12]
63 The Cavern Club [J10]
64 The Krazy House [K11]
65 The Magnet [M11]
66 The Zanzibar Club [L11]
67 Arena and Convention Center [I13]
68 Empire Theatre [L10]
69 Everyman Theatre [M11]
70 Liverpool Playhouse Theatre [K10]
71 Neptune Theatre [K11]
72 Royal Court Theatre [K10]
73 Unity Theater [M12]
74 Williamson Tunnels Heritage Center [O11]
75 HM Customs & Excise [I12]
76 Lady Lever Art Gallery [H23]
77 National Conservation Center [K10]
78 Sudley House [V18]
79 Central Library and Records Office [K9]
80 Tate Liverpool [I12]
81 Underwater Street [I11]
82 University of Liverpool Art Gallery [N11]
83 Bluecoat Arts Centre [K11]